JN410884

시들지 않는 꽃 그 향기

임규상 시집

인지
생략

들꽃시선 153

시들지 않는 꽃 그 향기

지은이/임규상
펴낸이/문창길
초판인쇄/2024년 1월 25일
초판펴냄/2024년 1월 30일
펴낸곳/도서출판 들꽃
주 소/100-273 서울 중구 서애로 27(필동3가) 서울캐피탈빌딩 B202호
전 화/02)2267-6833, 2273-1506
팩 스/02)2268-7067
출판등록/제2-0313호
E-mail:dlkot108@hanmail.net

값 10,000원
* 파본된 책은 바꾸어 드립니다.

ISBN 978-89-6143-235-1 03810

들꽃시선 153

시들지 않는 꽃 그 향기

임규상 시집

| 자서 |

내 시는 염소 똥이로소이다

시는 쓰는 것이 아니라 사는 것이다.
삶이 시가 될 때 비로소 시인이다 하여 내 시는 염소똥이로소이다.
백 가지 풀을 뜯어 넣어 왈왈 쏟아지는 염소똥이외다.
세상사 귀 닫고 변비 걸려 뽑아낸 된 똥으로 쓰는 시도 있겠지요.
어쩌다 사는 동안 -

아랫동네 큰 공부한 선배를 찾아가 시집을 내밀었다.
뭣인가?
시집이요
시가 뭣이당가?
마음의 곰국이요
에끼 이 사람아 베끼고 짜깁기한 껄렁한 얼레탕도
신(詩)가 민폐네.
왜요?
건너 산 쳐다볼 시간도 없는디 읽으라고 갖다 중께 민폐 아닌가.

그라고 글로 써야 詩고 詩人인가 시를 글로 안 써도 시처럼 사는 것이 시인이여.
꾀꼬리가 지 소리 좋다고 시도 때도 없이 소리를 퍼질러 싸면 그것이 노래가 되것는가?
시란 씨암탉이 알을 품는 스무하루 동안 물 한 모금 제대로 못 마시고 이리 굴리고 저리 굴려 스무하루가 지나서야 병아리가 되던지 구란이 되든가 하는 것처럼 말이시 그런 시라야 깊은 맛이 있는 것이여.
나가 잘 몰라도 시란 그런 것 아니것는가?
맞는 말에 부아가 치밀어 올라왔지만 그러니 그런 것 같습니다 했다.

여전히 세상을 향해 내뱉고 싶은 말 그 몇 마디를 하지 못한 갈증 난 목마름으로 여기 지면 위에 차려 놓아본다.

2023 가을 임 규 상

| 차례 |

제2부 어미의 바다

| 차례 |

제3부 아버지의 등

제4부 오월의 섬

제5부 저 꽃처럼

| 차례 |

제1부
시들지 않는 꽃 그 향기

어머니

밤사이 하얀 그리움으로
세월의 고단한 시름의
고랑들이 하얗게 메워져

하얀 웃음 하얀 동심이 되어
첫 새벽 첫 발자국으로
길 하나를 만들고 싶습니다
당신께로 가는

모나지 않는 소담스러운
銀白의 도화지 위에
당신을 그리고 싶습니다
흰 저고리 검은 치마
동백기름 곱게 빗은 머리
그 웃음까지도

시들지 않는 꽃 그 향기
나의 어머니

울 엄니

엄니!
울 엄니!
당신은 나의 하늘이었습니다
당신은 나의 바다였습니다

옥양목 흰 저고리 검은 치마
동백기름 곱게 빗어 단정한 머리
흰 코고무신 쇠똥비누로 희게 닦아
댓돌에 세웠다가 버선 발에 신으시면
하늘을 날 듯 정갈한 매무새!
황톳길 사뿐사뿐 걸으시면
당신은 선녀이셨습니다

첫 새벽 꽁보리 방아 허기진 배
동여맨 허리도 시장끼 못 이기고
고깔모자 갈퀴나무 칼바람 엄동설한
냉골 아랫목 한숨이 서리어 서리고
긴-긴 동지섣달 부엉이 우는 밤

문풍지는 칼바람에 서러운데
베갯머리 적시어 눈물 짓던이여

엄니! 울 엄니!
그리운 이름 서러운 이름
부르면 부를수록 눈물 나는 이름
당신의 세월은 한숨이었습니다
당신의 세월은 눈물이었습니다

물레 소리

얼음 섣달 기나긴 밤
엄니는 물레를 저어 무명실을 뽑으셨다
물레가 소리를 내어 울었다
잉- 잉-
엄니의 한숨과 넋두리가 섞여
물레 소리는 더 서러운 울음이 되었다

희미한 등잔불 아래 엄니는 그림자처럼
물레를 저어 무명실을 뽑으셨다
문 틈새 바람에 등잔불이 흔들리고
엄니의 그림자도 흔들렸다
물레가 더 슬피 울었다
잉- 잉-

나도 울었다
어린 가슴에 전염된 눈물을 두고
엄니는 훌쩍 나를 두고 떠나가셨다
그 눈물이 지금도 가슴에 흐른다

선창의 이별

뱃고동 울리는
소금바람 이는 부둣가
당신의 날리는 치맛자락
떠나는 젖은 눈시울
보내는 당신이 점 하나로
아득히 멀어지는 이별

선창의 이별은
서로가 서로를 바라보는
작은 점 하나로 사라질 때까지
길고 긴 이별이더라

기다림

엄니 고무신이 쇠똥비누로 목욕하고
댓돌 위에 희게 웃고 있다

정갈하게 꾸미시고 길 떠나시더니
보름 지나 스무날이 지나도 못 오시는
어머니
검은 치마 흰 저고리 가들재 휘저어
잘도 넘어오는데 어머니만 못 오시는
멀고 먼 가들재 고갯길

당신의 세월

당신은 나의 하늘
나의 바다였습니다
부르고 불러도 물리지 않는
당신의 그 이름 어머니!

군불 한번 마음껏 지피지 못한
칼바람 부는 밤은 길고도 길어
남정네 없는 홀엄씨 살이
피붙이 하나 옆에 누이고
한숨 무정세월 눈물로 지새던
시리고 시린 강을 건너시던
오! 나의 어머니시여

누이

내 어머니 모습을 머금고 피어난
한 떨기 꽃이여
낮달처럼 희고 고운 애련함이여
가슴 저미는 애잔함이여

무심히 흐른 세월도 삭이지 못한
緣의 끈이여

바람 부는 언덕에 피었어도
고운 향을 피워 내는 꽃이여
잰 바람에 향내음 실어오거든
누이가 보낸 줄 알리

- 2004. 4. 22. 새벽

상동댁 吉日

오늘은 상동댁 오두막 누더기 옷 벗는 날
남정네 서너 날이면 이엉 엮어 덮으련만
몇 해 걸러 이은 지붕 여름날 낙수 물은
진간장 되어 흘러 상동댁 한숨이 지붕 위에 쌓였네
오늘은 좋은 날
덕지덕지 쌓인 한숨이 웃음으로 걷히는 날
굼벵이 궁구는 재주에 씨암탉 배부르고
서숙* 찹쌀밥 간에 기별이 가는 날
오늘은 좋은 날 상동댁이 웃는 날

*서숙: 조

본동댁(本洞宅) · 1

부엉새 부엉부엉 우는 삼동에
본동떡 해소 기침이 더 지랄을 한다.
삼동과 해소 기침은 동을 짰나 보다

어머니 말씀이 수 젓가락 짧게 잡으면
가까운 데로 시집간다 하시더니
그 버릇 못 고쳐 동네 총각 데릴사위로
얻은 서방 대명천지 밝은 시상 본다고
죽창 들고 설치다가 씨 한 톨도 못 남기고
마지막 본 사람이 산으로 가더란다

족집게 점쟁이 살아 있단 그 말 믿고 따슨 밥
보께 덮어 아랫목에 묻어두고 기다린 세월
홀로 사는 시상이 어디 시상일랍디여
한참 동안은 무소식이 희소식으로 살았는디
참말로 살아 봉께* 무소식이 희소식은 아닙디다
겉보리 서말도 없는 주제에 닥수근허게* 살았으면
그것이 대명천지 밝은 시상인디

몹쓸 사람 기다린 세월에 넉살 좋은 사내놈들
토담 넘어 정분 맺어 호강시켜 준다 해도
쇠발* 털듯이 털고 개짐머리* 약 한 첩도 못 사묵고
다랑이 논배미 장만해 놨어도 지금 와서 뭔소용이여
오라면 가야 한디 꽃상여 너울너울 소리꾼이 하는 말
가는 곳 북망산천이라 하더니
본동떡 누운 곳은 물밥 한 술 못 얻어묵는 귀신들만
모아 사는 공장 굴땅 서너 평 부엉새 부엉부엉 울어
본동떡 수절과부 세월이 너무너무 짠했다고
부~ 엉~
부~ 엉~

*봉께: 보니
*닥수근하게: 얌전하게
*쇠발: 소발
*개짐머리: 감기

본동댁(本洞宅) · 2

까~악 까~악 송장 까마귀 울더니
본동떡 모진 세월 접고 왔던 길로
돌아가니-
흰 베옷 지붕에 던져 하늘에 고하고
주먹밥 세 무더기 짚신 세 컬레로
염라부(閻羅府) 사자 노자길 가라고
문밖에 차리고 삼일만에
본동떡 꽃상여 타고 가던 날
당산나무 가지에 꽃이 피었습니다
살아 생전 흰 무명옷 입고 살다
저승길 가는 날 꽃상여 타고 가다
본동떡이 서운하여 서운타고
나뭇가지에 걸어둔 붉은 꽃 한 송이

본동떡 산에 두고 오는 길에
비에 젖어 서러운 붉은 꽃이
붉은 눈물을 뚜~욱 뚝 -
보내고 서럽다고

서러운 본동떡 상여 꽃이
울음 웁니다

모래실宅 · 1

홀엄씨 모래실떡이 논두렁 풀을 베다
썩을 놈의 낫이 안 든다고 구시렁구시렁
논가 전봇대에다 위아래로 쓱-삭 쓱-삭
전봇대에 낫을 문지르다 또 영감 탓이다
영감탱이가 닥수근하게 살았으면
나가 이 고생은 안 할 것인디
영감 보내고 타는 불덩이 가슴에 담고
어금니 깨물고 守節한 세월에 새끼 하나
그 새끼 하나 키우자고 겁 없는 세월에
베겟잇 적셔 울던 밤 댓바람도 貞節로 울고
삼시랑이 불 댕기는 날에는 영감 찾아가
이놈의 삼시랑을 나 혼자 어쩌라고
잔디를 쥐어뜯고 울어도 서러운 눈물
눈물로 보낸 세월이여
그 자식도 제 자식 낳고 오붓이 사는 데
자식 놈 빈말로 엄니 보태서 삽시다
모래실떡이 나가 가면 느그 집이 좁을꺼신디라고
능청스럽게 속 떠보다가

보태서 산다 한들 살가죽 뚜껍기가 틀린디
보드론 느그 삭신하고 맞것냐
같이 살면 느그가 펜하것냐 나가 펜하겠냐
나도 느그 낮 안 꺽끼고' 살랑께
느그도 엄니 낮 꺽끼지 말고 영님해서 야물게 살어라
그것이 느그 엄니 소원이다

모래실떡 나이 들어 소원 하나 또 생겨
몸뚱이 아퍼서 자식 고생 안 시키고
나이 쪼깐' 덜 묵어서 잠잔 것 맹이로 살짝 가브럿쓰먼
나도 펜코 즈그도 펜코'
그랫쓰먼 딱 조을꺼신디 그 일은 나맘대로 못헝께
그 일이 일이다.

한쪽 다리 걷힌 몸빼 바지에 맨손으로 싸-목 싸-목
모래실떡 논두렁이 반 뼘이나 남았네.
지나가던 가산 아제가 아따 논두럭 개젓허게' 비부럿소
요새 젊은 것들은 햇빛이
호랭이보다 무섭단디 인자 그만하고 갑시다.
한 주먹이나 남은 것 아조 비 불고 갈라요.

추석명절 뽀글 파마 모래실떡 이마에 구슬땀이
송실 송실 맺혔다.

*껙끼고: 깎이고
*쪼깐: 조금
*펜코: 편하고
*개젗허게: 깨끗하게

모래실宅 · 2

모래실떡 총명이 예전 같지 않다
잊음이 헐해 마당에서 방으로 방에서 마당으로
가지러 간 것을 잊은 건망증이 부쩍심해졌다
모래실떡 짭짭하다고 푸접*으로 사온 강아지 한 마리
서울 손녀가 할머니도 행복 강아지도 행복하라고
지어준 그 이름 해피
모래실떡 강아지 이름은 오요 오요 워리 워리다
마실도는 주인 기다리는 해피가
푸접이 없어 더 짭짭*하더라
모래실떡 마실 도는 내력은
새 며느리 얻고부터 생긴병이다
모래실떡 부평 같은 마음 묶어 놓은
하나뿐인 말뚝을 며느리가 제 가슴으로 뽑아가
모래실떡 정처 없는 허한 마음이 되었다
아들놈은 제 각시 좋다고 실실 웃는 바보가 되어
모래실떡 마음이 고춧가루
맵고 쓰린 마음 달래려고 틈없는 틈을 내어
기웃기웃 마실을 돈다

물오른 청춘에 옷고름 풀기도 전에
시퍼렇게 날선 죽창 들었다고
집에서는 못살아 산으로 가
바위틈에 칼잠 자던 서방
핏기제 골짜기 날벼락에 마른 피울음을 토하던 밤
하늘이 무너지고 땅이 갈라지던 그 밤에 -
핏자국 선연한 흰옷 입고 휘-영 휘-영 하늘길 가던
사람아
뱃속에 씨 한 톨 던져 놓고 안부도 없이
앞만 보고 가버린 사람아!

오늘도 망연한 앞산에 뿌연 안개가 내리네 -

*푸접: 친구.심심풀이로
*짬짬: 심심해서

똥 뫼

똥 뫼 등은 똥만 하다고 똥 뫼 등이다
세상에 어느 놈 똥이 그리 크랴
혹 별이 똥을 지렸으면 몰라도

똥 뫼 등은 내 유년의 놀이터
밤나무 아래 바위에 올라앉아
가들재 고갯마루를 하염없이
바라보며 생청 장사 가신 엄니를
기다리던 그곳

꼬부랑 신작로 길을 휘영 휘영
휘저어 오시던 나의 어머니
지금은 어느 길을 걷고 계시나요?
밤이 이리 깊은데

순이 그 소녀

소리 내어 우는 것만이 울음인가
눈물을 흘리는 것만이 우는 것인가
보이지 않는 눈물로 소리 없이 우노니
그것은 가슴으로 우는 것이니

울부짖는다고 큰 아픔이랴
볼을 타고 흐르는 눈물만이 슬픔이랴
찢어지는 아픔을 가슴으로 우노니

13살 봉긋한 꽃봉오리로 끌려가
군화발에 짓이겨 찢어진 꽃이여
동백꽃 푸른 잎 사이 붉은 꽃이여
선홍빛 가시기도 전에
떨어져 -
떨어져 -
붉은 꽃이여

- 일본 대사관 앞 소녀상을 보며

둠벙예

울 엄니는 잡초였습니다
밟혀도 흔적없이 일어서는
잡초였습니다.

젊은 날 맑은 정신 놓쳐
걸인으로 유랑하던
어느 여름밤 들길 지나다
색정 못이긴 낯선 사내놈이
둠벙가에서 씨를 심어
그 씨 영글어
동네 어귀 상여 집에서
짚 가마니 깔고 몸 풀어 날 낳아
둠벙가에서 씨 받았다고
울 엄니 둠벙예 나도 둠벙예

통통배 드나드는 작은 섬
못난 사내놈 집 씨받이로 끌려가
울 엄니는 씨받이 나는 철부지

씨 받고 삼칠일도 안돼 쫓겨나
팔영산 밑 인심 좋은 동네
저녁 동냥 들렀다가 村長이
불알은 있어도 씨 없는 떠돌이
머슴방에 밀어 넣어
울 엄니는 또 서방 만나고
나는 또 아부지를 만나
나는 貴女되고 엄니는 각시 되고
알콩달콩 그 세월도 잠깐

젖동우리도 안 생긴 풋 가시네 적에
서울식모살이 철들어 내력 알고서야
이 둠벙예 엄니도 없이 고향도 없이
삼동 칼바람같이 모진 마음으로
생가지를 찢어 내는 독한 마음으로
그리움이사 짠지처럼 꼭꼭 눌러두고
남쪽 하늘만 바라봤습니다.

*동냥 다니던 여인이 어린 여자아이를 데리고 다녔다.
마을 어른이 머슴살이하던 남정네에게 짝을 채워줬다.

외발로 걸어

- 홀엄씨 근동댁

베개를 돋우고 삭신을 모로 뒤척여도
잠은 마실을 나가 돌아올 기척도 없고
아득한 기억들이 어제같이 떠오른다.
뇌신으로 살아온 세월이 30여 년
안 먹고 견딜 수 없으니 아편이여
지난 밤에 딸년이 건성으로 안부를 물어
애미는 편하다고 했지만 -
셋을 홀몸으로 남축에 안 빠지게
키우려고 억척을 부렸어도
농사 중 힘든 농사는 자식이드라

가슴애피˙ 애간장 끓는 세월에
외발로 절둑이며 걸어온 인생길
동트기 전 논밭에 나가 원망으로
지심을 쥐어뜯는 줄도 모르고
홀엄씨 한숨이 독해 우리 집 논밭에는
풀도 안 난다고 하더라.

내 손에 녹아난 연장이 몇 자루라고
쇠도 녹아나는데 사람 삭신인들 성하겠냐?
몸뚱이는 군불솥 부지깽이처럼 줄어들고
삭신은 깻묵처럼 굳어져 구멍 숭숭 뚫린
가슴팍에 바람이 들어 뼈다귀 속까지 비어
속절없이 꼬부라진 이 몸뚱이를
뇌가 신나라고 먹는 뇌신*도 허사더라.

*가슴애피: 가슴앓이
*뇌신: 신경안정제 같은 약

가을 그 쓸쓸함이여

민지네 할머니가 민지가 타다 버린 유모차를
밀고 재 너머 뒷밭에 가을걷이를 하셨다
유모차에는 골이 깊은 늙은 호박이랑 돔부랑
녹두랑 마른 옥수수 찌들어진 양푼에 담은 홍시
가을볕에도 설익은 고추들 여름내 유모차에
의지해서 오가며 애써 가꾸어낸 보람들이
가득 실려 있다

민지네 할머니 갈퀴 같은 손으로도 못다 한 녹두는
알맹이들을 토해내고 껍데기만 토라져 누워 있다
한 줄기 바람이 민지 할머니 굽은 등을 밀어준다

- 2009년 10월

큰 사랑

황혼에 꽃이 져간다
옹이 박힌 손과 발
이승의 저 너머를 바라보는 눈빛
정신줄 놓다가도 문득문득 바람처럼
스쳐 가는 피와 살을 나눠준 놈들

93세 박수임 할머니*
우리 아들이 첨보게나* 야물단 말이요
여그 있는지 알면 금방 업으로 올것인디
넋두리로 되뇐다
큰 사랑
그 이름
어- 머- 니- !

* 2013년 3월 요양원에서 만난 할머니
* 첨보게나: 퍽이나, 꽤 많이

골목개 興

양지 동네 딸 셋 낳고 유복자로 얻은 아들
명 길어 오래 살라고 지어준 천한 이름
본동떡 아들 그 이름 동네 개
오냐 자식 물렁 자식이라더니 시도 때도 없이
펴 울고 들어오니 눈물 콧물 범벅이 되어
골목에서부터 목청을 돋아서 울음 우니
본동떡 씨암탉처럼 새끼 탐이 심한지라
달려나가 어느 놈이 우리 새끼 때렸냐
자초지종 물으니 논마지기나 짓고 사는 집
개똥이란 놈이 우리 아들 또 때렸다네

야! 이놈의 새끼야 늬는 썩은 밥만 처묵었냐
그놈이 때릴 때 늬 손목댕이 발목댕이는
묶어 놨냐 이 빙신 같은 놈아!
그렇게 사람노릇 못 할라면 차라리 콱 디져부러라
골목개 더 서럽게 울어대니
본동떡
치마를 뒤집어 골목개 코에다 대고

아 이놈의 새끼야
코 푸러 탱!
이놈의 새끼야 홍해 興! 하란 말다
興! 興! 골목개는 엄니 치마에 홍하고 코 풀어
홍! 홍! 홍 하라고 해서 3층 집 짓고 산다하더라

요단강 나룻배

김 권사님 영감님이 세상을 떠나셨다.
“며칠 후~ 며칠 후~ 요단강 건너가 만나리”
눈물이 권사님 마른 볼 위로 흘러내린다.
옹삭한 살림에 7남매 키우느라 등에
소금꽃 피우며 같이 살던 세월이 눈앞을 스친다

“예 말이요 교회 갑시다”
“오늘이 총동원 전도 주일이요 오늘 한 번만
교회 갑시다”
영감님은 코로도 대답이 없다.
“예 말이요 교회 가잔 말이요”
“바쁜디 뭘? 두 사람이나 댕긴단가”
“죽어서 나 혼자 천국 가면 쓰것오
천국 같이 가게 교회 가잔 말이요”
“아 이 사람아 자네가 요단강 배 타고 건널 때
나도 살짝 끼워 타고 가면 되제”
“거그가 뭔 배가 있다요!”
“요단강 아닌가? 거그도 강인디 배가 없으면 강을

어찌께 건넌당가?"
입가에 웃음 머금고 우스개 말도 잘하던 양반이
먼 길을 떠나셨다

자식들이 해준 양복 입고 교회 가는 그 뒷모습
보는 것이 소원이었는데 몸 버리고 누워서야
"예 말이요 예수님 믿지요?"
눈으로 대답하던 그 양반 천국 가셨것제

살풀이

목화 꽃보다 더 하-얀 정갈한 매무새
춤사위의 애절함이여 애잔함이여
단아한 버선발의 디딤이여
앞뒤의 구름이여

煞살 맞은 원혼들이여 저 춤사위를 타고
훠이- 훠이- 푸소서 서리고 서린 한을
얽히고설킨 煞살을 어이- 어이- 풀리요

60년 세월에 어미 가슴 바위라 한들
부서지고 부서져 눈물 강이 되었습니다
푸소서 풀어가소서 망자도 산자도
풀어가소서

훠~이
훠~이
훠~

- 여순사건 행사 때 살풀이를 보면서

말동무

햇살을 피하여 팽나무 그늘에 앉았다.
대지팡이 할머니가 저만큼 앉으신다.
말동무가 궁한 할머니가 말을 붙여온다.
나가 아흔 서이요[*] 아들 둘 딸 둘인디
딸은 남의 사람 되붕께[*] 소양 없고
내 집에 남의 자석이 잘 들어와야 쓰것 씁디다
아들이 좋아 봐야 남의 자식이 궂으면
아들 좋은 것 소용없이 되 붑디다
우리 동네서 며느리한테 밥 얻어묵고 사는
사람은 나뿐이단 말이요
우리 며느리가 사람이 괜찬허요
긍께 나도 지 조심 많이 하요
세상이 가르친다 지 뽀니[*] 보고 안배우 것소
아들 보고 나도 요양원 넣어 주라
그랫등마
엄니 그렇게 요양원 가고 잡소
거그는 노인들 죽으러 가는 자리요
그라고 그렇게 아들 낮 깽끼고[*] 싶으요

말도 못 꺼내게 하드란 말이요
그렁께 나가 우리 동네서 편한 사람이요
"할머니 저가 시간이"
오마 고맙소 늙은 것을 더럽다고 안 피하고
이야기를 들어줘서 참말로 아짐찮허요

잇몸에 아슬하게 걸린 치아를 드러내어
웃으시며 마른 손을 흔드신다.

*서이요: 셋이요
*되붕께: 되어보니
*지뽀니: 지라고
*깽끼고: 깍이고

김 할머니*의 봄

모진 세월의 모퉁이 길에서 시력을 잃고
밤낮으로 조잘대는 라디오를 푸접 삼아
귀를 눈으로 살아온 긴 세월

올해도 김 할머니 봄은 귀로 온다.
"봄이 오면 저 새들 노랫소리도 아름답게
변해 가드란 말이요 짝을 찾는 것인지?
즈그도 짝을 만나 좋아서 그런지?"

마루 위에 가지런히 놓인 새 신 신고
봄나들이 가실 수 있었으면 좋으련만-

*어느 마을에서 만난 앞을 보지 못한 할머니

제2부
어미의 바다

들몰떡(82세)

이른 아침 들몰떡이 먼발치서
이녘* 밭을 건너다보고 돌아선다.
왜? 눈도장만 찍고 가요
날마다 온디 뭐
대답이 건성이시다 가까이서야
나는 누구라고 임샌 이그마!

들몰떡이 이마에 맺힌 땀방울을
윗옷을 두 손으로 걷어 올려 훔친다.
마른 포도알 같은 까만 들몰떡
젖꼭지가 웃는다
워머! 남사시러와라*
들몰떡 젖꼭지는 부끄럼도 모른 갑네

*이녘: 자기
*남사시러와라: 부끄러워라

콩단이 집 베름빡

콩단이네 집은 팔영산 아래 절간 있는 동네
해 짧은 쪽이다
살림살이는 음 쪽 포수 붕알처럼
웅그라붙어* 웅삭하여 펴질 줄 몰랐지만
밤일은 부지런하여 한 탯줄에 여덟 자식을 두었는데
딸 여섯 낳고 일곱째 아들 낳아 소원 풀고
여차걸로 행여나 하고 낳아보니 또 딸이라

첫딸은 살림 밑천 복둥이라고 복순이
둘째 딸은 서운해서 서운예
셋째딸은 또 딸이라고 또딸이
넷째 딸은 딸 막는다고 딸막인디
다섯째도 낳고 봉께 딸이어서
제발 덕분에 아들 데리고 오라고 오남이
그놈의 삼시랑이 문 열고 또 들어와
여섯째는 어찌나 야문지 야물다고 또록예
일곱 번째 아들 낳고 그 이름 귀하다고 귀남이
일곱 자식 낳고 보니 밭이 메물어*

여덟째 딸 콩만하다고 콩단이
콩단이 아부지가 전화기 위 베름빡*에
싸인펜으로 써 붙여 놓은
여덟 자식들 전화번호에 적힌 팔 남매 이름들 -

*옹그라붙어: 작아져 올라붙어
*메물다: 척박하다
*베름박: 벽

쥐샌떡

야막골에 쥐샌떡이라고 몸꼴은 능가사 사천왕이요 얼굴은 고춧가루 찧다가 세워둔 도굿대 같이 길고 그 발은 남정네 고무신으로도 다 못 담아 넘쳐났는디 어느 날 야매 파마쟁이가 권하고 권해 긴 머리 댕강 자르고 뽀글뽀글 볶았는디 부처님 머리에 가발 씌운 꼴이라 농삿일 눈코 뜰새 없을 때는 그 머리 모양새 영락없이 요강 씻다가 던져버린 짚수세미라

서방이 주 씨인디 천성이 착하고 유순하여 무골호인이라 말수까지 적어 사람은 버릴 것 없는디 워낙 덤버지가 주먹만하여 마을 사람들이 암놈이 숫놈 되었다고 혼기 놓치고 문고리도 짝이 있어 웅삭하게 얻은 각시 마누라는 황소같이 크고 서방은 쥐같이 작다하여 주 샌이 쥐샌이 되었고 주샌떡이 쥐샌떡이 되었다

청사초롱 연지곤지 닳고 닳아져 버린 지도 까마득한데 삼신 할매가 그 집을 안 댕겨가 소식이 무소식이라 고추 달린 놈 하나만 점지 점지 빌고 빌어 또 빌어 그 소원 삼

신할매한테 기별이 갔는지 도상도˙ 즈그 아부지 쥐샌 껍데기를 둘러쓰고 나와 참말로 씨 도둑은 못하겠다고 동네방네 어메들이 혀를 내두르더라

그놈이 아장걸음 고추에 흙가루 묻히고 골목에서 아장아장 귀염 떨 때 싸가지 없는 쥐둥이들이 쥐새끼 나왔다고 한마디씩 쥐샌+쥐샌떡=쥐새끼라고 쥐샌떡 다 참아도 아들을 놀리는 것은 못 참아 씨암탉이 삥아리 지키듯이 벼슬을 세우고 쭉데기를 벌리고 지미씨펄 년놈들 한번만 그런 쎄돔박˙ 놀리면 쥐댕이˙를 찢어불랑께 즈그넘의 새끼들은 얼마나 잘났다고 돌 쪼시게˙로 대갈박˙을 쪼사블랑께˙ 이 염빙천빙헐 년놈들을 그냥 콱!

불면 날세라 안으면 꺼질세라 애지중지 키워 운동회 날 엄니 손잡고 달리기 쥐샌떡이 아들 한쪽 손 끄집고 달리는디 둥구나무에 매미 달리듯이 반은 끄집혀서 끌려가는 아들놈 또 한 손은 내젓고 몸통 따로 젖통 따로 쿵 쿵 퉁퉁 달리고 달리다가 그만 그놈의 맷돌짝만한 엉댕이가 속도를 따르지 못해 하필이면 본부석 앞에서 발이 엉켜 앞으로 나자빠져 개 망신살이 뻗쳐 하!하! 허!허! 호!호!

또 -

싸가지 없는 쥐딩이들이 앞서간 쥐샌이 마누라 기(氣)에 눌려 북망산천 일찍 갔다고 수근수근 아들놈은 제 머리커 객지로 나돌고 쥐샌떡 가는 세월 해소 기침 바람 든 무시처럼 허한 삭신은 솔나무 껍데기처럼 까치럽고 거칠어 무정세월이 무심도 하여라 유쾌했던 쥐샌떡도 앞산 건너다보며 한숨만 휴-휴-

*덤버지: 덩어리
*도상도: 영낙없이
*쎄돔박: 혀
*쪼시게: 굴까는 도구
*대갈박: 머리통
*쥐댕이: 입. 주둥이
*쪼사불랑께: 쪼아버린다

봉촌댁의 변

봉촌댁 지질이도 없는 福 골골 십수 년 병든 영감 수발에 홀엄씨로 사는 복조차 없어 맘 놓고 모실 한번 못 가보고 온 동네 사람들 봄나들이 간다 한들 병든 영감 두고 혼자 갈 수 없어 푸념이 절로 저절로 나가 못 살것다 뭔 놈의 복쪼가리가 이리도 없을까

그 영감이 지난밤 짚불처럼 사위여 갔다
객지에 흩어진 칠 남매 자식들이 모여서 살아서 못다 한 효도 죽은 뒤에나 한다고 석관을 살아 있는 엄니것 까지도 한다네 봉촌댁 손사래를 저으며 늬그 아부지 곁으론 나는 절대로 안 갈란다 살아서도 남생이 등어리 맹이로 서로 안 맞았는디 죽어서나 나 맘대로 훨~ 훨~ 날아서 댕길랑께 나 죽으면 꼬실라서 갯바닥 물에 뻬래주라

남생이 등어리 맹이로 그렇게 안 맞았으면 일곱씩이나 어찌 낳으셨오 물으니 늬그를 날라고 해서 낳것냐 원셋 놈의 삼시랑이 찾아와서 그랫제 그놈의 삼시랑이 시도 때도 염치없이 칠 남매를 데리고 왔다 하시더라

욕쟁이 마누라

산 밭에서 욕쟁이 마누라가 구시렁' 구시렁
썩을 놈의 손목댕이가 이걸 일이라고
해놨으까 염빙 첨빙 처묵은 밥도 아깝다

농로 길로 경운기가 택 택 택 오더니
남정네가 산 밭을 올려다보면서 큰소리로
"어이 낮에 국수나 삶소"
"늬가 삶아 처묵어라 손이 없냐 발이 없냐
이걸 일이라고 해놓고 묵고 잡은 것은 많네"
"허 허~이 저걸 어따 써묵으까 낮에도 못써
묵고 밤에도 못써 묵고"

경운기가 탱탱거리며 욕쟁이 마누리를 기다리자
어~그적 어~그적 산 밭에서 내려가 영감 옆으로
궁댕이를 디밀자 탱! 탱! 탱! 탱! 집으로 간다
그 집 낮에는 국수 삶았겠지요?
그 밤에도 -

*구시렁: 혼자 말

- 1994년 여름

고흥만 · 1

바다는 자궁을 잃었고
어미는 바다를 잃었다.
바다의 자궁이 뭍에 갇히던 날
수많은 생명들의 울부짖음이
피울음이 되어 하늘에 오르고
자궁을 빼앗긴 바다는
밤마다 소리쳐 울고
뭍이 되어버린 자궁은 다시는
갯것을 잉태할 수 없었다

바다를 잃은 어미도 목을 놓았다.
어미의 꿈에 풍류까지 쫓겨난 바다가
둑을 넘어 마을 앞까지 찾아와 춤을 추었다
어미의 갯것 호미도 점점 녹슬어가고
호미처럼 어미의 허리도 굽어져 갔다

고흥만 · 2

바다가 저만치 물러났다.
일 년에 한두 번 드러낸다는 바다의 속살
바지락 개불 해삼 펄을 헤집는 바쁜 손길들
"많이 잡으셨오?"
"나 귀가 꽉 맥혔단 말이요"
"허리는 꼿꼿한디 귀가 왜 근다요?"
"금메 말이요"
"몇 살 잡수셧는디요"?
"낼 모래가 팔십이요 일 년이 하루같이
지나가는 일흔일곱이란 말이요"
"아따 아직은 청춘이요 시집도 가시 것 끄마!"
"집이는 늙지마- 늙어서 좋은 것 없습디다"

옛적에는-
뒷걸음으로 휘저어 바지락 잡던 갯마을에서 시집온
금성댁 갯 마중은 택! 택! 택! 경운기로 가고
산내마을에서 시집온 산내댁 갯 마중은 지게 지고
덜렁- 덜렁-

온갖 갯것을 다 내어주던 그 바다도 옛 시절
바다도 늙고 사람도 늙어 가는데
계절만 봄이네-

좌파 딸을 만나다

파도가 마루 밑까지 밀려오는 갯마을에서 낳고 자라
초등학교 문턱도 못 가보고 오갈 데 없이 외톨이로
살다가 건너편 섬에서 온 머슴살이 총각 만나 시방까지
손발 안 놀리고 쉴 새 없이 살다 보니 칠십이 되부렀소
손발은 나무 등걸 낯바닥은 쪼글쪼글 사람 형색이요
그래도 살면서 남한테 해코지 안하고 상께* 뒤끝은
좋습디다 새끼들은 나 안 탁해서* 다 좋단 말이요

나가 이 고생 안 하고 살았을 것인디
울 아부지 수두백이*가 반란 때 순사들이 총 들고 옹께
다 도망갔는디 죄 없는 사람 잡아 갈라드냐 하고
집에 있다 붙잡혀 울 아부지가 무슨 빨갱이다고
남열리 모래밭으로 개같이 끌고 가 총 쏴서 죽이고
개백정 같은 놈들이 거적으로 덮어놓고 갔드라요
거적에 말아 지게에 지고 와 돌짝 밭에 얼기설기
돌무덤을 만들었으니 풀 한 포기나 낫것오

그 일 후로 청춘에 가이네 저것 하나 보고 못산다고

외갓집에서 나는 어쩌라고 엄니하고 나하고
생가지 찢듯이 찢어서 엄니는 시집가고
나는 울고 움시로
길바닥 돌맹이처럼 살았오 다 독새* 같이 독했지라-
시상이 독했는지 사람들이 독했는지?
살다 봉께* 살아져서 이날 여기까지 왔능갑소

*상께(: 사니까
*안 탁해서: 안 닮아서
*수두백이: 순둥이. 순진한
*독새: 독사
*봉께: 보니

- 2016년 여름 용추마을에서

갯마을 저녁

아비가 어부였다 바다의 부름을 거부할 수 없어
열셋 어린 나이에 노를 저었다 힘센 어부가 되어
무던히도 누비던 그 바다에 팔십이 넘어서도 배를
띄웠다
담배 값도 못 되는 고동 줍기는 늙은 어부의 작은
일과가 되었다
오늘도 아내와 진섬 뒤 고동 줍기는 즐겁지 못한
노동이었다 바닷물이 들어서야 10kg도 채 못 되는
고동을 싣고 갯가로 돌아왔다
닻줄을 맨 아내의 손이 갈퀴처럼 휘었다
여름날 소낙비처럼 왔다 가버린
청춘이 무지개로 하늘에 떠 있다

우리 할망구 참 곱기도 했는디
무쇠도 녹이는 것이 세월이여
이만큼 살아 있는 것만도 다행이제
한 동네에서 만나 60년 넘게 부부로 연을 맺어
무던한 세월

한동짐센* 깊게 파인 주름이 물결처럼 출렁인다

건너편 진섬에 한동짐센이 놓아둔 염소가
느린 걸음으로 어둠을 따라 숲으로 간다.
작은 진섬에서의 염소의 시간은 늘 여유롭다

*한동짐센: 한동네에서 부부의 연을 맺은 김씨

한(恨)

홀로된 여인
정절은 생명보다 요구돼
고운 가슴 베옷에 쌓여
울고 울어 가는 세월
달빛 뜰 안에 드는 밤
정 솟음이야 뉘 탓이랴
비단결 고운 삭신
은장도 멍으로 남고
눈 서리 삼동 날 찬물로
달래여라

뚝심 사내 색정 못 이겨
수절과부 정절 요절낼 심사
달밤 담 넘어 범처럼 덤빈 사내
애절한 정절 은장도로 지켜
여인은 죽어 열녀로 남고
갓 쓴 사내들
헛기침 뒷짐으로 우려먹고

흘러간 세월 동구 밖
열녀 ㅇㅇㅇ비 여인의 한
푸른 이끼로 서렸어라

고(孤)

작은집 오두막 삽살개
드나드는 울타리
시래기는 바람에 흔들리고
생솔가지 타는 연기 해 저물어
촉꽂이 끄름은 천정을 덧칠하고
횟댓보* 숨어드는 그리움을
한 자락 원망으로 싸매어
물레에 감던 여인이여
아홉 새* 고운 올로 이어지던
긴- 긴- 밤
서리서리 쌓인 외로움
여인은 그리움에 눈물지어라.

*횟댓보(옷가리개): 방 아랫목에 긴 대나무를 가로로 매달고 천으로 가린다
*아홉새: 고운 생모시

월악 당산 굿에서

비 맞은 벅수* 같은 놈이 굿을 보러 갔다
징징 징 가슴으로 울던 놈이 굿을 보다가
눈으로 울었다
굿 가락 속에 울 엄니가 있어서
유년의 동무들이 있어서 울었다

엄니 시방* 내 나이 육십에 뭔 눈물이다요
청승맞게시리 굿판에서 왜 눈물이 난다요
켄제 겐~ 켄제 겐~ 케겡 켕~ 켄제 겐~
굿 가락에 젖어 다시 가슴으로 울었다.

*벅수: 비 맞은 북
*시방: 지금

까치들이

까치가 신접살림을 차렸나 보다
까갈~ 깔-깔-까-
콩치고 팥치고 감 놔라 배 놔라
올해도 온 동내 참견을 하려고
박 할머니 집 옆 전봇대에
둥지를 트느라 부산하다

지난 가을
홍시 되기도 전에 쪼아대어
훠~이 훠~이 쫓아도
까- 갈- 깔- 깔-까
신청도 안 하는 까치를 보고
허- 참 저것들도 사람 간을 보네
박 할머니 돌맹이 하나 던질 기운이
없다는 것을 알았는지
까치들이 깔-깔-깔-깔- 까갈~

저 염병헐놈의 새 새끼들이 -

단발(短髮)

할미꽃 씨처럼 하얗게 센머리
단발을 한들 어쩌리요 마는
내 꽃 같은 열여덟에
임께서 올려주신 비녀 머리를
내 편하다고 어찌 자르리요
임과의 첫 밤에 떨리는 손길로
벗겨주시던 족두리
그 숨결 -
이제도 그립고 그리워
동백기름 정갈한 낭자머리는
임을 향한 꽃 같은 마음입니다
날이 세면 나를 부르시어
임께서 일구어 놓으신 산 밭에서
하루하루가 살 같이 지나
임 뵈올 날이 가까우니
이 모습대로 명이 다하는 날
임 곁에 누우리라

- 2006년 4월 24일

그까짓 꽃이야

그까짓 꽃이야
배고프면 뭔 소용이여
밭 가에 동백나무를 베어내고 연동떡이
한숨처럼 내뱉는 소리다

서울 사는 아들놈이 심어놓은 동백이니
그놈이 내려오면
“엄니는 동백나무를 왜 다 비 부렀소”
하것지만
아 이놈아 밭에는 씨곡을 드려야제
꽃나무가 밥 믹에 주냐

조우(遭遇)

광천동 버스터미널 녹동행 버스에는
고흥사람만 탔다.
버스통로를 사이에 두고 할머니들이 말을 섞는다.
손아래 동서가 시낭 고낭' 허다가
빙원에서 죽어서 자석들이
꼬실라'가지고 어따가 삐레 분다고' 해서
그냥 내려 오요
써논' 맷둥도 못 빈디
맷둥 맨들어 노먼 뭣하꺼이요 마는
그래도 써운 헙디다 난 흔적도 없응께

또 우리 시아제는 폐암이다요
가서봉께 허물 벗은 땡개비' 맹이로 허물 허물합디다
술 담배 일 모금도 안 허고 살았는디
왜 그런 요한빙'이 다 든지 모르것습디다
집이는 모냐봉께' 뿌심뿌심' 허등마 많이 야믈어졌오
자석들이 고찰을 잘해 싼갑소'

길지 못한 생의 끈은
놓아 버릴 수 없는 미련인 것인가
돌아보면 스쳐 지나가는 밤하늘의
유성 같은 인생의 여정
희노애락의 장단이 마치는 날 당신의 품으로

*시낭고낭: 시름시름
*꼬실라: 태워서
*삐레분다고: 뿌려버린다고
*써논: 만들어
*땅개비: 방아개비
*요한병: 이상한 병
*모냐봉께: 지난번에
*뿌심뿌심: 푸석푸석
*싼갑소: 잘해준 것

조강지처

넉살 좋고 붙임성 좋은 꼬리 아홉 달린 박샌댁이
이사를 간다네
허우대 멀쩡하던 박샌이 암으로 불귀에 몸이 되자
6 · 25 참전용사로 국립묘지에 뉘어두고
딸네들이 사는 전주로 이사를 간다네
동네 사람들이 문병 갔을 때 박샌이 하는 말
"죽든지 살든지 뚝- 따 불었으면 좋것는디 도장
찍어줄 사람이 없단 말이요"
본실 자식들하고는 남이 된지 오래고 피 안섞인
남의 자식들이
도장 찍어줄 일 없고 더더구나
재리에 밝은 박샌 댁이 일찌감치
계산 때리고 있을 터라 살 섞고 30여 년 살았어도
그 성정머리 아는 터라
말도 못 꺼내보고 박샌이 뒤늦은 피울음 후회인들
다다를 곳이 없어 조강지처 버린 죄가 한꺼번에
애간장을 도려 낼 줄이야
살아서도 주머니가 따로 있어 마늘 농사는 네 것

키위 농사는 내 것
셈하며 살다가 생사를 오가는 길이라고 너그러울
일 없어 박샌댁이 죽을 병에 쓰는 돈은 헛돈이라네.

안골 저수지 작업반장으로 일하다 시장가에 사는
박샌댁하고 정분이나
처자식 다 버리고 그 정으로 살 줄 알았는데
냄비같이 식어버린 하룻밤 풋정이었던 것을
"사람들아! 조강지처 두고 따로 정분 내지 마소
그 정은 젊은 날 불어오는 한 줄기 봄바람인 것을
그 바람 재우면 마지막 가는 길이 이렇게 뼈가
삭아 내리는 절절한 외로움은 아닐 것이요"
입속으로 뇌이다 한 줌의 재로 사라져 갔다
하더라.

치매(박중사)

얼음 三冬에 논 물 잡아 모내기한다고
맨발로 앞마당에 서성이며 다니시다
밤중에 일어나 이불을 개어 올리며 논에
물 퍼 올리러 간다고 옆지기 잠까지 깨우며
"얼렁 인나'란 말시"
삼백예순다섯 가지 치매 중 그래도 제일 순한
치매가 들어 불행 중 다행이라는데
"유제' 댕김시러' 손놀이 안항께' 괜찮단 말이요"
하루에 두 번 맞은 시계 밤낮으로 고냐스럽게'
손목에 차고
"때 됐네. 밥 주소"

산중 다랑베미 다섯 마지기 이고 지고 등짝으로
머리로 논 농사지어서 칠 남매 자식들 배 안 곪기고
키웠으니 정신 줄 놓았어도 산중 다랑이 논농사
짓느라 85세 박 중사 할아버지는 늘- 바쁘시다

*얼렁인나: 빨리일어나
*유제: 이웃
*댕김시러: 다니면서
*안항께: 안하니
*고냑스럽게: 지성으로

짐 아닌 짐(치매)

제 짐을 지고 가는 달팽이처럼 고단한
여정의 갈무리 길에서
다시 아이가 되어버린 어머니
아들 일손 덜어준다고
거실 큰방 작은방에 뿌리신 비료는 비료가 아닌
설탕이었습니다.
사다 놓은 고추 순을 다 자르시고
나물 해 먹으려고 고추나무 순 쳤다
하시고 웃으시던 어머니
기껏 배부르게 식사를 하시고도
다른 사람이 오면 배고프다 하시니 당신께서
내려놓은 인생의 짐이 내게는 짐입니다.
내 어머니 뱃속에서 열 달 동안 길러져
세상에 나와 똥오줌 못 가려도 당신께는
짐이 아닌 기쁨이 되었는데 이 몇 달
아이가 되어버린 당신은 내게는 감당키
어려운 짐이 되었습니다.

아이는 자라는 희망이 있어 기쁨이 되고
늙은 아이는 죽음이 가까워 슬픔이 되니
자식에게는 짐 아닌 짐이 되나 봅니다

아내

그대는 나의 좋은 친구입니다
손에 잘 익은 연장 자루 같은
이므러움으로
당신은 나의 오랜 친구입니다
아내라는 이름으로 견디어 준
거칠고 험한 나날들
당신은
나의 두 번째 어머니였습니다
세월의 소용돌이 속에서도
나를 지탱할 수 있는
뿌리 깊은 나무였습니다
당신은
지금도 기댈 수 있는 언덕이며
세상을 바라보는 또 하나의
나의 눈이 되었습니다
그리고 당신은
나의 뒷모습을 볼 수 있는 거울입니다

*이므러움: 스스럼없다

금메* 말이요 · 1

물리치료실에서
인생 졸업반 어메들이 삭신*을 풀었다
나는 어깨를 지저야 쓰것오
나는 모가지가 쒸세* 쌌는디 옹삭해서* 어쩌까
옆 어메한테 "어메는 허리 지라?"
물리치료사 아저씨가 앞질러 거든다.

치료실 이웃한 어메들이 말을 섞는다
몇 살 잡샀오?
도굿대* 두 개를 포개 놨소
그렇게 안 뵈는디 많이 잡샀네
집이는 몇 살이요?
팔 학년 육 반이나 되부렀단 말이요
그래도 나보다 두 살이나 덜 묵엇네
집이나 나나 거그서* 거긍마
금메 말이요! -
짐장* 해놓고 매주 써 놨웅께
방만 따땃하면 올 시안*은 살것오 마는

사람 사는 것이 어디 이녁* 맘대로 됩디여

……

금메 말이오

*금메: 글쎄, 동의어
*삭신: 육신
*쒸세: 쑤셔
*옹삭해서: 어려워서
*도굿대: 절굿대
*거그서 거긍마: 거기서 거기
*짐장: 김장
*시안: 겨울
*이녁: 자기

금메 말이요 · 2

오일장 정류소에는 쑥대머리 그만그만한 여노인들이
버스를 기다리며 이만저만한 안부를 묻는다.
고치는 얼메나 땄소
뭔놈의' 비가 이러케도 많이 온다요
올 같치 비를 쳐부서 싸먼 뭔 곡식인 뽀니' 되것씁디여
초차듬'에는 잘 되것 등마 깨는 문드러져 부럿씁디다
본동떡 아들은 장개갔다요
작년에 베트남인가 가서 각씨가 왔등마 쪼깐' 살다가
가부렀다 그럽디다
금메 그것들이 찐득허니' 못살고 가붑띠다
오마 그러면 어쩐다요
그래도 몽달귀신'은 안민했소
우리 동네 한 집이는 새끼 둘 나 놓고 나가 부러서
할매만 녹탈빙'이 들어서 욕 보요
살다 살다 요한 시상 다 보것습디다
고무신짝도 짝이 있단디
촌에 살먼 가이내 꼴은 영 못 보게 생겠으니
이러자먼 촌에는 몽달구신만 모타' 살것지라

금메 말이요*

*뭔놈의: 무슨놈의
*뽀니: 무슨곡식인들
*초차듬: 처음
*쪼깐: 조금
*찐득허니: 진득하니
*몽달귀신: 총각귀신
*녹탈빙: 골병
*모타: 모여
*금메 말이요: 그러게 말이요

어버이날

이른 아침 젊은 서울댁이 덕암댁 대문을 두드린다.
홀로 사는 덕암댁 가슴에 카네이션을 달아드리려고
아침잠 많은 서울댁이 이른 아침부터 부산했다

마늘 쫑을 뽑던 덕암댁이 휴~한숨을 돌리는데
가슴에 달아둔 카네이션이 물구나무를 서 다시
세워도 자꾸 고개를 숙여 땅을 향한다

기댈 언덕이던 아들놈이 불귀의 객이 된지 십 수년
그 언덕이 무너지던 그 날 덕암댁 카네이션도 죽었다
목 잘린 카네이션을 가슴에 달고 웃을 수 없는
덕암댁 그 세월이 한숨이다

제3부
아버지의 등

오마 어쩌까?

근동댁 정삽하고 매시라운* 그 버릇이 도져
밭 가에 불을 놓았다
밭 언덕이 개작지근* 하둥마 꼬실라진* 자리는
개젓*허니 좋았는디
잡놈의 봄바람만 춤을 안 추었어도
그때까지는 좋았는디
근동 양반 뮛등으로 도망간 불을 잡으려
기를 쓰고 네발로 뛰어도 못 잡아

산도 타고 근동댁 애간장도 타고 타-
불이야!
소리도 목구멍에서 안 나오고
오마 어쩌까
오마 오쩌까
혼이 나가버린 저 근동댁 命대로 살는지

*정삽: 깔끔

*매시라운: 손끝이 야믄
*개작지근: 지저분
*꼬실라진: 타버린
*개젓: 깨끗. 깔끔

풋감처럼 떨어지면

땡볕에 풀잎도 고개를 떨구고 있는
들판에는 그림자 하나 없는 정오
연동댁만 밭에 남아 김을 매고 있네
참깨 들깨 팥 고추 객지 사는 자식들에게
생색낼 여름 농사다
나가 느그 줄라고 농약 한 번이라도 덜쳤다
올망졸망 보따리 차에 올려주며 연동댁이
늘 하는 말이다

뙤약볕에 이녘* 삭신 타들어 간 줄도 모르고
절은 다리 아픔도 잊고 김을 맨다.
저- 연동댁
고추 익기도 전에 마당 가 풋감 빠지듯이
연동댁 먼저 떨어지면 서러움이다

*이녘: 자기

쉼

산그늘 빈 밭에
마른 깡통들이 새를 쫓는다.
때 그~럭 때 그~럭
바람 자는 날 깡통도 쉼을 얻는다

까치밥으로 남은 몇 개의 감을
부릅뜬 눈으로 지키는 하수아비
허수아비는 언제쯤 쉼을 얻을까

비워서 채움을 얻고 채워서 쉼을
얻는 마른 깻단 같은 사람들

하늘 나이(天壽)

늦봄 비둘기 노래보다 늘어진 비탈진 산 밭을
꼬부랑 할메가 때도 잊은 채 엉덩이로 문질러
잡초를 쥐어뜯는다
할머니 갑시다 점심때가 지났습니다
아니요 어중간해서 다 메고 갈라고 그러요
아따! 새털 같은 수많은 날이 답니다
내일 오셔서 메면 되지 뭘 그러십니까?

집이는 어디 사신디 사람이 그리 좋으요
예 저-그 터굴등 사요
할메 젊었을 때 참 예쁘셨겠습니다
첫날밤에 각시 굿 보러 많이 왔것는디요.
뭘 그랬다요
원센놈의* 세월이 많이도 가 부렀는 갑소
할메 올해 연세는 어떻게 되십니까?
죽을 나이가 진즉 지났는디 안 죽고 아직
이러고 있소 곱상 그래져서* 주책없이
남의 나이 더 살면 뭐 하것오?

예 속에 아니오가 있고 아니오 속에
예가 있는 당신들 어법입니다

*원센놈의: 원수같은
*곱상그래져서: 말라비틀어져

외할머니

할머니는 두툼한 돋보기를 쓰시고 길쌈을 하신다.
돋보기는 한쪽 다리가 부러져 노끈으로
다리를 대신한 지 오래되었다

할머니는 두 가지 일을 함께 하신다
앞마당에 널어놓은 벼 덕석에 닭들을 쫓느라
마루에 걸친 긴 장대를 흔들며 훠~이 훠~이
저 방정맞은 열 조시' 달구 새끼들이 성가시네'
코끝으로 자꾸 내려온 돋보기를 걷어 올리시며
훠- 훠이 훠~

아이고 또 날이 구질랑갑다'
할아버지 목침이 습기를 토하면 어김없이 할머니
허리 다리 온 삭신이 쑤셔온다고 하신다
할아버지 해묵은 목침은 외갓집 일기예보다

*달구: 닭

*열조시: 여름에 깨어 잘 크지 않는 못난 닭을 일컬음
*성가시다: 귀찮게 한다
*구질랑갑다: 비가 오려는지

무제

무심한 세월이여 야속한 인생이여 섬섬옥수 명주처럼 부드러운 고운 삭신 어디로 가고 솔껍데기 거친 피부만이 피골이 상접 하였는가 청사초롱 불 밝히고 연지곤지 수줍어 떨리는 가슴으로 호롱불을 끄던 그 첫날밤의 아름다운 여인아 누가 저 여인을 잿불처럼 사위여 가게 하드란 말인가? 여든일곱 해의 모진 세월이여 너 혼자 오지 어쩌자고 저 여인을 여기까지 보듬고 와서 검은 머리 파뿌리 되도록 함께 살자던 그 맹세도 헛되이 앞산에 사시는 영감님은 무심도 하여 꿈에도 안 오시고 달랑 피붙이 한 놈 그놈마저 앞세워 가슴에 묻고 홀홀 단신 삭아져 내리는 적막한 인생이여
애달픈 사연 잔주름은 늘어나고 땅거미 지는 해 저녁 스텐레스 요강을 씻어 들고 방안으로 기어들어 누우면
이 밤에 날 데려간들 뉘 알리요 날 밝은 몇 날이 지나도 인기척 없으면 행여 누가 방문 열어 그 인생 여정이 끝난 줄이나 알까*

*모 종교단체에서 추석을 맞이해 독거노인들께 김치를 담아 드렸다. 달구지 수준인 내 차가 필요하다기에 기꺼이 함께했다

흙으로

그것은 그림자처럼 따르고
골목 어귀 음녀의 혀같이 파고들어
뱀 같이 감고 물처럼 흘러
밤같이 어둡고 얼음처럼 차거운 것인가

상여 꽃 너울너울 땅 파고 다져
땅속에 묻고 산 사람은 집으로 가는 것
잘난 놈 못난 놈 비문에 남고
썩고 썩어 흙 되고 물 되어
잊히고 잊혀져 한 줌의 흙이어라

父子 有別

두 남정네가 끼니를 그냥저냥 때우고
고추밭에 경운기로 농약을 치러 나왔다
아들이 다급하게 소리 지른다
아부지 줄이란 말이요 줄여
아-따 줄이랑께
에-헤 아따 씨-

아비는 어찌할 바를 모른다
아들이 달려와서 요렇게 저렇게 하랑께
이것도 못하요?
아비는 묵묵부답이다

지난해 지어미를 보낸 남자
어미를 보낸 쉰 넘은 노총각
두 남정네만 한 집에 살고 있다

근동 양반

고향 떠난 십수 년 만에 영구차에 실려 고향 찾은
근동 양반 흙집을 짓느라
이른 아침부터 메우고 돋우고
포크레인이 부산을 떤다
일찍 세상 떠난 마누라 命까지 뺏어 산다고
고향 사람 만나면 푸념처럼 나가 죽어야 쓸 것인디
자석들 눈치도 뵈요 하던 근동 양반
소원 아닌 소원처럼 죽어서 꽃상여도 없이
고향 찾아 족제비 낯짝만한 산비탈에
본동 양반이 누웠습니다
마누라 잃고 자식들 따라 물설고 낯설은 곳
"보이소 앙그란교" 그 지방 말을 못하고
"예말이요 안 그라요"가 나와서
사람 만나도 말 섞기가 싫어
입 다물고 물 위에 기름처럼 살다
한 줌 재가 되어 고향을 찾았습니다
80이 넘으면 집에 있으나 산에 있으나 같다 하더니
모진 것이 목숨이어서 살아도

죽은 몸으로 골방에 갇혀
살아 살던 그 세월을 지나 육신의 굴레를 벗고
그립던 고향산천 두루두루 사방팔방
훨훨~날아 나르소서

하늘을 날 때까지

이마가 점점 넓어져 간다
공짜를 좋아한다는 것을
머리털이 눈치챘나 보다

흘러간 세월의 강을
살아온 날들의 오솔길을
지금도 쉼 없이 얼굴에 공사 중이다
예쁘지 않는 꽃이 어디 있으랴 마는
바위에 핀 바위 꽃조차도 밉지 않는데
얼굴에 핀 세월의 꽃 저승꽃을 누가
아름답다 하리요

꽃은 피었다 지는 것이니
지혜롭게 살라는 가르침이라
혀가 둔하여짐은 말을 아끼라는 것이요
귀가 멀어짐은 적게 들으라는 것이려니
눈이 흐려진 것은 볼 것만 보라는 것이요
몸무게가 줄어드는 것은 욕심을 비우고

가벼이 살라는 것이니
새보다 더 가벼이 하늘을 나를 때까지

거짓말

등 굽은 할머니가 지팡이를 짚고 집을 나선다.
가난에 휜 등골이 나이 들어 영 굽어져 그만이다
아장걸음 배워 달음박질치던 때가 엊그제 같은데
다시 아장걸음이 되어 육신을 끌고 길을 간다

동네 병원에는 그만 그만한 할머니들이 모여
지팡이만 여기저기 한 바지게다
"왜 안 데려간가 몰라 죽어야 쓰것는디"
혈압약은 하루에 두 번씩이나 드시기도 하고
아들이 보내준 영양제는 꼭 챙겨 드시면서
할머니는 입버릇이 되어 늘 같은 말을 하신다

어제보다 죽음이 더 가까이 서성이는데

조춘(早春)

양지바른 언덕에 냉이 달래 쑥들이 아직은 땅속에서 맑은 눈 비비는 이른 봄 아랫 정자나무 거리에서 조팬수 쇠 치는 소리가 들린다. 탱! 탱! 탱-태-르~ 탱! 탱! 탱! 태-르~르 동네 쇠란 쇠를 다 치고 가려면 술주정뱅이 조센이 마누라 패듯이 사나흘은 족히 두들겨 패야 할 것이다

발이 세 개 쇠스랑, 소 두엄 내는 호쿠, 굴까는 굴 조시게, 봄 처녀 나물칼, 부엌칼, 홍부자 집 육(肉) 칼, 낫놓고 기억자 낫, 낭중지추(囊中之錐) 송곳, 온돌 달구는 장작 쪼개는 큰 도끼 손도끼, 김매는 호미, 산에 등걸 나무괭이, 비렁 땅 파는 곡괭이, 연장 자루 깎는 짜구, 누렁이 황소 여물 작두, 쇠꼬챙이 부지깽이, 자근자근 두들기고 탱! 탱! 패고 달래고 어르고 오므렸다 폈다 병 주고 약주고 왈리다 홀리다
이리저리 뒤집었다 엎었다 다근 다근 닥 다근 다근 다근 닥 다근 진지꼽쟁이' 까탈쟁이 억수 집 연장 담금질은 핏시 핏시 쌍과부집 연장은 피! 핏시 핏-시 시 쌍과부 집 연장은 매시랍게' 진지 꼽쟁이 까탈쟁이 억수 집 연장은

건성으로 새끼 팬수* 풀무질은 밀고 당기고 불조시가 고르지 못하다고 발길질에도 밀고 당기고 자식인지 업둥인지?
탱! 탱! 탱-태-르~ 탱! 탱! 탱-태-르~ 세 아름 정자 나무가 쇠 치는 소리를 토해 온 동네를 흔들어 깨워 초가지붕 속 업 대맹이*도 처마 끝 참새들도 성냥쟁이* 조팬수 쇠 치는 소리로 봄 기별을 듣는다,

코찔찔이 오줌싸게 아이들이 구경 나와 올망졸망 정자나무 뿌리에 봄꽃으로 피었다

*진지꼽쟁이: 구두쇠
*매시랍게: 꼼꼼하게
*팬수: 쇠를 두들겨 팬다고 팬수
*업 대맹이: 구렁이
*성냥쟁이: 대장장이

소통이 불통

집 전화가 소리를 질러 일을 멈추고 뛰어들어와
숨차게 "여보시오" 했더니 아버님 지붕 개량 하란다
어느 날 또 밖에서 달려와 숨차게 "여보시오" 했더니
고추 말린 기계 사란다 순간 화가 머리끝까지 치밀어
"집이가 나 고추 끄끕한지 어떻게 아요?"
전화가 뚝!!

그리고 또 어느 이른 아침 다짜고짜 숨도 안 쉬고
"집이가 우리 집이 고치 갔다 놨소?"
"아니요 나 고치는 나한테 있는디요!"
할매는 말귀가 소귀에 경 읽기다
"그라먼 누가 갔다 놨으까?"
뚜-우 욱
인제부터 집 전화 받으면 나가 사람 아니다

침대에 나른하게 뻗었는데
머리맡에서 전화기가 일본 놈 주재소 전화벨
소리처럼 계속 악을 펴 쓴다

참고 참다 수화기를 들었더니
아침밥 거르고 보건지소로 나오시면
건강검진 해준다고 해서 솔깃하여
오줌 빼고 똥 빼고 피 빼고
시력 검사는 컨닝으로 만점 받아 속으로 웃고
키 재기 발꿈치를 사-알 짝 들었더니
발꿈치를 붙이란다
이동 검진 버스 안에서 하얀 약물 먹이고
이리 저리 굴려 몸뚱이가 지랄용천을 당하다가 왔다

통보가 왔다
시~발 기분 더럽게 "위암 판정 불가"
두 밤을 망설이다가 아침을 거르고 병원을 갔더니
이왕 하실 것 대장내시경까지 하시라고 권해서
예약하고 마시기 거북한 장 세척제 한 보따리
마시고 싸고 마시고 싸고 상하수도 소통이 원활
목욕탕에 가서 껍데기도 카카리 아주 카카리 세척
오래간만에 나는 겉과 속이 깨끗한 남자가 되었다
오후 1시 30분 약속 시간에 음습한 지하로 갔더니

손등에 바늘이 박힌 할배와
밑 터진 바지 입은 할매가 있다

직원들이
할배한테 장 세척제를 먹었으니 장 검사를 하라고
할배는 안 한다고 그럼 장 세척제는 왜 먹었어요?
"느그가 억지로 묵으라고 해쌍께 묵었제!!"
할배와 직원 사이에 소통이 불통이어서
작은 소리로 권했다 약 잡삿응께 해불제 그라요
"나가 여그서 장 세척 한번 하고 죽을 욕을 받소
그날 집이를 못 갔단 말이요"
"그라먼 약을 잡수지 말제 멀라 묵었오?"
"아 긍께 저것들이 억지로 처묵으라고 안그요"

손등에 바늘 박힌 할매는
장 검사는 했는데 속에 있는 용정은 절대로
안 떼 낸다고 고집이다
"이왕 하셨으니 떼어내시지 그래요 했더니"
"배가 깐작 그래 싸서 한번 알아 볼라고 왔는디
나가 요런 쬐깐한 빙원서 띠것오" 고개를 젓는다

나는 상하수구를 기어코 모두 뚫었어도 오늘은
소통이 불통이다

그해 마지막 저녁

선달그믐 어스름 저녁까지 들몰댁 갈퀴 손이
부산하시다
토란탕 고침나물 무나물 콩나물
이틀을 못 넘기는 숙주나물 계란 옷 입은 명태전
음식 간을 보는 듯 마는 듯 들몰댁 조바심은
동구밖에 서성인다.

올해도 또 못 올랑가 무심한 것들
애간장 타들어 가는 애미 맘도 모르고
새끼들 차비 두 번 든다고 즈그 아부지
제사 지내로 내려와 설 명절도 보내고 가라고
선달그믐이 즈그 아부지 제삿날 인디
즈그 아부지 맘 쓴 본전도 없이
이설에도 못 온 당가

비렁 끝에 내다 놓으면 다른 사람은 못 살아도 들몰
박샌은 살 것이라고 즈그 아부지 별명이 비렁 박샌인디
비렁 박샌 새끼들이 왜 못살아 노무 집 새끼들은

바리바리 싸 들고 해마다 총총 잘도 오등마
다섯 놈의 새끼들 중에 한 놈도 못 오면
올 설에도 남사시러와*
울밖에도 못 나가겄네
까막눈이 서러와 새끼들은 눈 띄와 준다고
허리띠 졸라매 눈 띄와 준 것도 무슨 소용이당가
무자식이 상팔자 옛말 아니여

*남사스러와: 남부끄러워

예감(豫感)

안골 유센 집 팽나무 꼭대기에 까마귀가 앉아
아침 댓바람에 까악-까악-
간밤 꿈자리가 뒤숭숭하더니 저 몹쓸 짐승이
유센댁이 서둘러 까마귀를 쫓는다.
훠이- 훠이- 훠 저 방정맞은 짐승이!
아홉수만 넘기면 백수는 넉끈하다* 했는디

미리 만들어 놓고 살피던 뒷골 유센 묘지에
봄볕이 쨍하다
유센 따라나선 발발이 봄나들이가 즐겁다
유센이 잔디를 어루만지며 먼 하늘을 본다
여든하고도 아홉 고개가 숨차게 가파르다
풀어진 대지 위에 유년의 기억이 아롱인다

*넉끈하다: 넉넉하다

늙은 봄날이 시작되다

봄기운이 휘돌아 산골마다 가득한 봄날
사람 살려! 아이고 나 죽네, 사람 살려!
다급한 비명 소리에 지나가던 조센이
소리 나는 골짜기로 달려가 보니
꼬부랑 여 노인이 골짜기에 거꾸로 박혀있어
황급히 저승에서 이승으로 구했더니
가물가물 정신을 가다듬고 봉산댁이 하는 말
저 아래 골짝에 검정 비닐봉지에 뱅쓰매[*]랑 담배랑
그라고 묵고 죽을 약 한 병 있는디 그건 던제부씨요[*]
봉산댁 더 맑은 정신이 돌아와 눈물이 앞을 가려
아짐찬허요 참말로 아짐찬허요 집이가 아니었으면
영낙없이 딱 죽었으꺼신디 자초지종을 늘어놓는데
쓸만한 새끼들은 다 죽고 제일 미추리[*]가 한 놈 남아
에미 애간장을 다 녹여 내가 맨정신에는 못 죽것고
술김에 쥐약 묵고 죽을라고 했는디 생목숨 끊는 것이
쉬운 일은 아닌갑소

다음날 해뜨기도 전에 푸주간에 달려가 쇠고기 두근

뱅쓰매 두병 담배 한 보루 저승 문턱에서 건져 준 것이
하도 고마워 걷고 걸어서 묻고 물어 조셴집 찾아가
나 살래준* 이바지가 조깐* 작어서 남사시룹소*마는
부탁이 있소 제발 소문만 내지 말아주시오
나도 족제비 낯바닥만 한 낯짝이 있응께 그라요
봉산댁 집으로 오는 길 어제보다 푸르름이 한 자나
더 컷다 봉산댁 늙은 봄날이 다시 시작 되었다

*뱅쓰매: 2홉짜리 소주
*던제부씨요: 던져버리시오
*미추리: 못난 놈
*살래준: 살려준
*조깐: 조금
*남사시룹소: 낯 부끄럽소

여름 그늘에서

손수레에 깨 단을 가득 싣고 고갯마루를 오르던
유샌이 한숨을 태풍처럼 몰아내면서 하는 말이다
아이고 인자는 못해 묵것네 한 대피우고 가야것네
유샌이 나무 그늘 아래서 풀어놓은 여정이 팍팍하다
밭농사 중에 고치하고 깨가 요물이어서 비위 맞추기가
보통 아니요 고추는 다 몰라져* 불고 깨가 괜찮게 돼서
집으로 끌어 드릴랑께 이것도 일이라고 죽것소
밭농사도 인자 못 지묵것소 예전에는 그래도 사람하고
갈라* 묵고 살았는디 날짐승들이 요새는
입 안 댄 것이 없어 반짝이 줄 치고 허세비* 세워나봤자
무서와 허도 안 헌단 말이요
입 댓다하먼 다 조제분단 말이요
금메 나가 아침밥도 못 묵고 이러고 댕기요
음식을 보면 욕심은 난디 이빨을 못써 묵어서
망구가 해준 콩물 한 그럭에 쐬주 두 꼽부* 묵고
이걸 밀고 댕길랑께 배창시가 올캉 올캉* 하요
망구도 허리를 다체부러 일 못허고 누웠고
나도 허리가 새비* 등처럼 휘어서 지게가 등허리에

안 붙어 이걸 밀고 댕길랑께 깝깝허요
경운기나 배워놨으면 할 것인디 대가리가 미련해서
그것도 못 배우고 전답을 여기저기 묵혀나 부렀소
처음에는 쌩 빙이 날라 글드마* 어쩌꺼요 이래뵈도
나가 젊었을 때는 개 등허리 벼룩처럼 부산하게
이 전답 저 전답 뛰 댕겟소마는 꼬부라져 붕께
소용이 없오 문전옥답도 묵히게 생겼으니
그래도 다행인 것은 망구가 그때 가부렀으면
콩물도 못 얻어묵고 나도 보타져* 부렀을 것인디
사람도 죽고 사는디 포기하고 상께 살아지요

햇살이 여름 그늘을 밀어냈다

*몰라져: 말라져
*갈라: 나누어
*허세비: 허수아비
*꼽부: 컵
*올캉올캉: 울컹울컹
*새비: 새우
*글드마: 그러더니
*보타져: 말라비틀어져

허수아비

저기 저- 둠벙배미
외발로 선 허수아비
홑저고리 빈 가슴
허허로이 옷자락 날리는
그리움-

솥 적다 소쩍새 우는
해 저녁 이슬에 젖어
깃들지 못하는
넋으로 서 있다

뻘 묻은 손이(근동댁)

바람도 숨을 돌려가는 장갓재를 근동댁이
다리를 끌며 휴~우 -
내일모레가 영감 제삿날이어서 고막이라도
한 그릇 올리려고 갯바닥엘 가보신단다.
"영감이 '둑'은 첫 싸도 잔 情이 많했단 말이요"
그 정 못잊어 비탈진 산길을 어깨 숨을 쉬며
오르고 올라 고막 바지락이라도 잡아 한 접시
제사상에 올리면 꿈에라도 찾아와 웃으실지

서울 며느리 입다 버린 색깔 고운 허드레 옷
그 옷 입고 뻘 배를 타고 갯벌을 달리니
다리 절룩거리던 근동댁은 어디로 가고
가을 햇살 아래 젊은 아낙이 뻘 배를 탄다

"'쬐깐'허요 한 번이나 쌀마 잡사보씨요"
한사코 고막을 내미는 뻘 묻은 근동댁
갈퀴 손이 아름답다.

*둑: 불평
*쬐깐: 작은

홍 과부

갯마을 산중에 소금꽃 덕지덕지 피우며 남정네보다
일 잘하는 억척 홍 과부
경운기 예초기 못 하는 일이 없는 부랄만 없는 대장부
서방 죽고 아직 서러움 가시기도 전에 느자구* 없기로
소문난 사내놈이 그 동네에 살았는데
과수댁 집일은 기나긴 해는 다 보내고 해거름에
뒤~뚱 뒤뚱 와서 일은 하는 둥 마는 둥
안방으로 기어들어 제 부랄 욕심만 채운다던 소 죽은
귀신같은 사내놈이 어느 밤에 홍과부 집에 들이닥쳐
댓바람에 쪼시게* 몽둥이 같은 것을 들이대
그 거시기를 갯바닥 장어 틀어쥐듯 꼬나잡고
외장을 쳤다 하더라
워~ 뭐 동네 사람들아!
이 잡놈이 나 씨-입주라고 왔네!
도둑이여! 도둑이여!
소리소리 지르니 놀란 사내놈이
눈치코치 염치도 없는 거시기를 주어 넣고
올 때는 범처럼 용맹스럽게 왔다가

도망칠 때는 놀란 토끼새끼처럼 줄행랑을 놨다 하더라.

그 일 후 홍 과부 어금니 깨물고 남정네 일을 배워
들녘 쓸고 다녀도 넘보는 사내놈이
눈 씻고 찾아도 한 놈 없어
지금껏 외로이 수절과부로 살아간다 하더라

*느자구: 싹수
*쪼시게: 굴 까는 도구

아버지의 등

울 아버지 등짐 천 리
한숨 만 리 길
걸음마다 땀방울로 얼룩진 긴 세월
거친 손 굽은 등 고사목처럼 야윈
인생의 비탈길에 쓰러진
아버지의 세월이 눈물입니다

무거운 짐 혼자 지시고
지친 걸음 터벅터벅 지게 장단에
시름을 달래시던 당신의 세월이
더디 갔으면 좋으련만
기침으로 돌아누우시던 당신의
굽은 등이 눈 앞을 가립니다.

오수(午愁)

늙은 황소
시름은 졸음으로 밀려오고
꼬리에 달린 게으름에
논두렁이 길어지는 한낮
족제비 낮 그늘에

새참 술 사발 텁텁한 막걸리
무잠뱅이* 무시로 입어 보낸
삐비꽃* 백발 무정한 세월
곰방대 피어오르는 한숨
땡볕 하늘 야속한 무심이여

*무잠뱅이: 무릎까지 내려온 얇은 작업복
*삐비꽃: 띠 풀꽃

제4부
오월의 섬

부끄러운 산 자가 되어

-5 · 18 13주기에

산 자가 되어 산 자가 되어 부끄러운 산 자가 되어
꺾어진 꽃들이 줄지어 무덤으로 누운 것을 봅니다
아버지의 영정을 들고 애처러운 눈빛의 그 아이가
의젓한 고등학생이 되었음도 보았습니다
자식을 잃은 어머니의 눈물
지아비를 잃은 소복한 여인의 눈물! 눈물!
굵은 주름을 타고 흐르는 아버지의 눈물
뜨거운 눈물도 보았습니다
문익환도 지선도 꽃을 드리는 것을 보았습니다

산 자가 피운 향내만큼이나 망월의 아픔이
가슴을 저며옵니다
세월은 흘렀어도 분노와 설움으로 각인된
광주의 오월은 씻을 수 없는 아픔입니다

가슴은 구멍 나고 몸뚱이는 대검으로 도륙되고
곤봉에 머리가 깨져 피범벅이 되어 처박혔어도
쏘고 죽이고 찌르고 때린 놈들을 영웅이라니

제 나라 제 백성 죽인 것도 훈장을 주는 나라가
이 지구 어느 귀퉁이에라도 있으리오

진정한 뉘우침과 참회의 고백이 없는데
누가 누구를 용서하고 화해 한단 말인가
산 자여!
부끄러운 산 자여!
진실을 외면하는 것은 부끄러움이며
또 한 번의 죽임인 것이다

- 1993년 5월

오월의 섬

오월 그 하루
멀고 먼 길 떠난 내 아우야
네 진실은 석류보다 붉어
피 토하던 절규는 허공을 맴돌고
숯불보다 뜨겁던 네 분노는
아스팔트 위에 흩어지던
오월-
길고 긴 그 몇 날
아무도 올 수 없고 갈 수 없는
표독한 승냥이떼 울부짖는
섬-
섬에서-

피를 먹고야 자란다던 한 그루
민주의 나무를 키우기 위해
붉은 피 뿌려 민주의 새가 되어
하늘로 날아가던 내 아우야
오월의 하늘 아래 무심히 부는

바람 소리에도 물소리에도
이 세상 어디 그 어디에도
가득하고 가득한 내 아우야

- 1994. 5

우리는 하나가 되어야 한다

무등과 망월은 어머니 같은 그리움입니다
부르면 부를수록 눈물 나는 이름입니다
오 망월이여!
무등이여!
빛고을 광주여!
그리고 어머니!
도청 앞 분수대 금남로
우리의 젊음을 동여매던 상무대 광주교도소여
어찌 그 어찌 그 날과 그 거리를 잊으리오
촌각의 망설임도 없이 맨몸을 던지던 아우들이여
주먹밥을 나르던 황금동의 나의 고운 누이들이여
도청 앞 분수대 그 함성 그 목메임이여
아! 민주여! 민주여!
피 토하며 절규하던 젊음이여!
총칼이 가슴을 뚫었어도 대검이 앞가슴을 찢었어도
우리는 하나였나니 오직 하나였나니
민주의 깃발 아래 우리는 하나였노라
피에 젖은 베적삼 두 주먹 불끈 쥐고 울분을 토하던

어머니! 어머니!

그 거리에 민주의 꽃은 피었는가? 피어나는가?
그대들이여 그리운 이들이여
지금 어디에서 무엇을 하는가?
그날의 민주의 깃발 아래 우리는 하나가 되어야 한다
저 무진 벌에 드높이 꽂았던 민주의 깃발 아래
우리는 다시 모여야 한다
해방의 거리 해방의 땅 해방의 하늘에서 하나였으니
우리는 하나가 되어야 한다
부자도 없고 가난한 이도 없는 無等 아래 無等의
사람들이 모여 서로가 서로에게 나누었던 것처럼
민족 공동체로 다시 태어나 미움과 가식의 누더기를
벗어버리고 가슴과 가슴이 더 가까이 닿도록 심장이
고동치는 소리를 듣기 위해 더 가까이 더 가까이
하나가 되어야 한다.
실오라기 하나 걸치지 않는 몸뚱이로 맨몸뚱이로도
거짓이 있다면 그 또한 껍질을 벗기고 진실의 피가
한라에서 백두까지 백두에서 한라까지
흐르고 흘러야 한다.
우리는 하나였기에 하나가 되어야 한다.
저 무진 벌의 오월 정신으로 돌아가
우리는 하나가 되어야 한다.

우리 모두 하나가 되어 새로운 천년을 열자
오! 광주여 오월이여
영원 영원 하라!
우리 가슴에 영원하여라!

- 그해 오월 행사 때 비가 억수같이 내렸다. 비를 맞고 행진하던 대열을 멈추고 낭송했던 시이다.(1999년 5.18)

오월에는

꽃들이 피었어도 새들이 노래해도 웃을 수 없는 것은
오월은-
봄바람에 꽃잎이 찢어지는 아픔이기 때문입니다.
바람에 꽃들이 꺾어지는 눈물이기 때문입니다.
참으로 오월에 웃을 수 없는 것은 꽃보다 아름다운
젊음이 꽃잎처럼 떨어졌기 때문입니다.

이 땅의 오월이 그대들에게 지운 십자가
숨 가쁘게 달려온 고난의 비탈길
댓돌 위에 주인을 기다리는 흰 고무신의 20년
모정의 세월

침묵하는 자들아 말하라 진실을 말하라
두 동강 난 하늘 땅 바다도 서러운데
갈기갈기 찢어진 깊이 파인 갈등이여

세계화는 되어가는데 전국화는 되지 못하는
오월의 정신이여

침묵하며 방해하는 인면수심의 짐승들이여

말하라 이제는 진실을 말하라
그리고 이 오월에는
빈 가슴으로 하늘을 보라

-5 · 18 20주기에

五月이 온다

오월이 온다
군화 발소리로 시뻘건 눈으로
총칼을 앞세우고 오월이 온다
참꽃은 다 지고 개꽃 만발한 세상

오월이 온다
눈물로 씻어도 한숨으로 막아도
오월이 오월을 짊어지고 온다
피 멍든 가슴에 오월이 온다

오월이 온다
금남로에 지던 참꽃들이
다시 피어나는 오월이 온다
참꽃들이 꿈꾸던 참으로
참사람
참세상
오월이 오월을 깨우러 온다

- 5 · 18 21주기에

五月의 꽃이 되어

두견이 피 울음 우는 오월
오동꽃 가득한 설움의 오월
이 오월의 산야에
그대는 무슨 꽃으로 피었는가?

세상은 여전히 군살 박힌 양심으로
수치를 모르는 비위살로 흐느적거리는
탐욕스러운 승냥이 떼 노니는데
민주는 왜 이리 더딘 걸음인가?

피 토한 절규는
찢어진 오월의 몸뚱이는
또 얼마나 절망의 시간을
견디어야 하는가?

기어코 몰아내야 하는
저 어둠들
그대의 불꽃 같은 정의로

꺼지지 않는 양심의 심지로
어둠을 태워 사르소서

오월의 넋이여
이제는 이 땅의 산야에
오월의 꽃으로 피어나
우리의 오월이 아픔이 아닌
희망의 오월이 되게 하소서

민주의 오월이
평등의 오월이
소망의 오월이 되어
모두가 모두를 보듬어
희망으로 피어나게 하소서

오월의 꽃이여!
오월의 꽃이여!

- 2003년 5 · 18 23주기 낭송시

오월의 독백

허리 굽은 늙은 어미가 청춘이 삭아진
뙤전 밭에 앉아 넋을 놓았다.
징한 것들이여
징한 놈들이랑께
생때같은 산목숨을 줘에 놓고
뭐라고 말 한마디 없는 놈들이여
근디 이놈의 오월은 왜 또 온당가
나 복창 텃체 줘일라고 이놈에 오월이
또 온당가

영감은 죽어 산에 묻고 자식은 죽어
가슴에 묻는다기에 가슴에 묻은 그놈을
파내 불라고 기를 써도 피눈물이여
가그라 인자 지발 덕분에 애미도 살자
억울하고 분하고 원통해서 정 못가면
늬 못가면 애미가 죽는 날 함께 묻혀
저 시상에서나 한번 웃어 보자

同志 윤소열

가죽과 뼈가 너무 가까워 어깨로 숨을 쉬던 그대여
두 눈 깜박이며 메마른 볼 위로 흐르던 그대의 눈물
21년이라는 긴 세월 7월의 폭염 보다 더 뜨거운
분노를 태우다 태우다 그대는 가시었나요?

정치꾼 도적놈 살판나는 세상 두고 등신 머저리같이
엎어져 있는 무등산도 두고 그대는 정녕 가시렵니까
군홧발에 짓이겨진 청춘은 어찌 하구요
쇠 곤봉에 깨어진 인생은 어찌 하구요
섭디 서러운 세월이 어찌 이 뿐이리요
살아생전 장가들어 노부모 효도 한번 못하고 하늘길
앞질러 가니 부모가슴 바위라 한들 부서지고 부서져
모래가 되었겠지요

오! 윤소열 동지여-
두 눈 부릅뜨고 민주의 넋이 되어 이 땅 지키소서
세상 짐 다 벗고 훨~ 훨~ 훨 훨 날아
망둥이 꼴뚜기 마구 뛰는 이 땅 지키소서

훨~ 훨~ 훨훨 -

- 2001년 7월 31일, 故 윤소열 동지 영전에서. -들풀

산 자의 부끄러움

꽃 피는 봄 오면 오동꽃 가득한
설움의 오월이 다시오는데
임들은 죽어서도 외치는데
살아서도 말 못 하는
산 자의 부끄러움이여

임들은 죽어 민주의 꽃으로 피었는데
살아서 부끄러운 산 자는
민주 세상 평등 세상 못 이루고
정치 뚜쟁이 민주 뚜쟁이 뚜쟁이 세상에
등신 머저리 같은 산 자의 부끄러움이여
통곡도 지치고 울분도 지쳐버린
23년의 기나긴 세월
왜놈 양놈 밑 닦아주던 놈들이 나라 세웠다고
침 튀기며 핏대 세우는 그 세상 여전하여
황금동 나의 고운 누이들의 그 순정 짓밟는
오월의 피 팔아먹는 저 잡것들
오월의 역사 위에 똬리를 틀고 있는

도적놈들

몽둥이 군홧발 만신창이 육신이
태극기 휘감고 망월동에 누웠는데
때 되면 찾아와서 나불거리는
민주 꼴값 떠는 저 잡것들
살아서 산 자여 부끄러운 산 자여
가자 오월의 나라
평등의 나라 민주의 나라로

- 2003년 5월

아! 오월

오월은
술이 잘 땡기는 달인가?
꽃 져서 서러운 달인가?
스물여섯 해가 갔어도
오월에 술이 잘 땡기는 것은
미친 돌개바람이 휘몰아 갈라지고
찢어져 펄럭이던 잔인한 오월이여

사랑도 명예도 이름도 남김없이
임을 위한 행진곡에 목이 메어
의분하여 또 얼마나 많은 눈물을 흘렸던가.
폭압의 바위에 저 어둠의 바위에
부딪혀 깨어지던 처절히 깨어지던
계란들의 서글픔이여 절망이여
깨어져도 쉼 없이 부딪혀 깨어져도
다시 계란이 되는

아! 오월은

계란에 바위가 깨어져 정의가
기지개를 펴는 달
깨어진 계란이 민주의 촛불이 되어
다시 살아나는 달
민주 만세의 달
그래서 오월은 술이 땡기고
꽃은 또 서럽게 지는 것인가

저 역사의 말뚝을

찔레꽃이 하얗게 소리 내어 웃어도
찔레꽃 향에 취해 꾀꼬리가 노래해도
웃지 못하고 꽃 향에 취할 수 없음은

오월의 핏발선 눈들이
오월의 불끈 쥔 주먹들이
나를 부르기 때문입니다

찔레 꽃잎이 눈처럼 떨어진들
뻐꾸기 애(哀)간장 태워 울음 운들
그 서러움이야
봄 지나면 그만이지만

오월의 미친 돌개바람에
나자빠진 역사의 말뚝을
저 역사의 말뚝은
어쩌라고 어찌하자고
지금도 네 비단 방석 밑으로

오월의 붉은 피가
목단꽃보다 더 검붉은 피가
철철 흐르는데

예 말이요
거기 누구 없소
저 역사의 말뚝 좀
바르게 세울 사람 없소

오월

나는 보았네.
사람이면서 야수이던 그날의 그들을
타작마당 내려치던 도리깨처럼
고갯길 망아지 내리치던 채찍처럼
내 살점을 짓이기던
쇠 방망이와 군홧발
굴비처럼 엮어져 상무대로
개같이 끌려가 처박혀 구겨지던
내 몸뚱이여

그날 짐승인 그들이
사람인 나를
한 마리 짐승처럼 내리쳤네

망월 동산

그대들이 누운 곳 망월 동산
어머니 가슴에 고인 눈물은
어찌하라고
찢어진 생채기를 핏덩이 채
놓아두고
줄지어 줄지어 누웠는가

해도 달도 없는 어두운 세상
한 줄기 빛이던 그대들이여
어두움은 어디쯤이며
이 동산에 달은 어디쯤 차오르던가
오동 꽃 가득히 채워진 아픔을
비우고 비워도 오동꽃에 묻어 든
아! 오월의 아픔이여

푸른 솔

새벽이 와도 동트지 않는 거리
오직 빛으로 한 줄기 빛으로
총 칼에 짓밟힌 청춘을 태워 여기 잠들었나니
누가 그대의 죽음을 슬퍼만 하리요
침묵하는 양심들에게 부끄러움을 가르치고
이 땅의 주인답게 사는 법을 가르쳐준 그대여
그대는 비바람 휘몰아쳐도 꺾이지 않는
뫼의 푸른 솔이었나니 -
그대가 그렇게 원하던 참 세상 참교육의 나라
이제는 여기 산 자들의 몫이오니
오! 동지여 평안히 잠드소서!

- 고 정국성 동지를 5,18 국립묘역으로 이장하면서…

마지막 한마디

-박종철

철아!
잘~ 가 그래이
너의 분골 샛강에 흩뿌려지던 날
이 땅의 아비들의 목메임이여!
흐느낌이여!
너의 분골 서해로 흘러 흘러
흘러갔어도 그대는 이 땅의
양심으로 민주의 혼으로
우리의 가슴 속에 남으리라

- 1988년 고 박종철군 추모 1주년에

불사조

-이한열*

그 여름날 날갯짓을 배우던
한 마리 새여
광란의 비바람에 날개 꺾이었어도
그대는 죽지 않는 민주의 새가 되어
우리 가슴에 날아 우리를 부르네
날자! 솔개보다
더 높이
더 높이
푸른 창공을 향하여
이제는 광란의 비바람도
저 어둠도
너와 우리의
날갯짓을 재우지는 못하리라

*이한열: 고문살인 은폐규탄 및 호헌철폐 국민대회의 6·10 대회 하루 전 연세인 결의대회 후 시위 도중 전투경찰이 쏜 최루탄에 머리를 맞아 사망함. 전남 화순출생.

푸른 잎새

-조성만*

그대는 우리 곁을 영 떠나는가.
푸른 하늘 아래 피 뿌려 피 뿌려
그리도 연하던 그리도 여리던
그대 몸뚱이가 차디찬 땅속에
묻어 지드란 말이냐

가슴을 파고드는 한스러움이여
왜 못 이루었는가?
왜 못 닦았는가?
저처럼 고운 꽃들이 피어서
함께 어우러지는 세상을

이 땅의 두꺼운 양심을 깨우고
앞서간 그대여 이제 무엇이 되어
다시 뵈 오리~

*서울대생이었던 조성만은 88년 5월, '양심수 전원 석방 및 수배자 해제

축구 결의대회'가 열리고 있던 명동성당 옥상에서 '조국통일 가로막는 미국놈들 몰아내자' '분단상황 고착화하는 미 제국 놈들 몰아내자' '올림픽 공동 개최하여 조국 통일 앞당기자' '광주학살 진상규명 노태우 처단하자' '양심수 전원 석방하라'는 구호를 외치며 할복 후 투신하여 숨을 거두었다.

제5부
저 꽃처럼

열사 전태일*

저 어둠 -
가마솥 뚜껑으로 누르는
숨 막히는 침묵의 어둠
한 톨의 먹이를 위하여
앵무새는 울어야 했고
한 조각의 빵으로
다람쥐는 쳇바퀴를 돌려야 했다
땀방울 핏방울 곤죽이 되어
빛이 없는 체념의 세월
숨통을 조여드는 사슬들

아! 그대는
생명을 태워 어둠을 사르고
체념의 사슬을 끊어
한 줄기 흰빛 되어
사람임을 가르친
그대는 죽어서
다시 사는 부활이었네

*1970년 11월 13일 이 땅의 불편 부당한 노동조건에 항거하여 분신자살 한 노동운동가.

짐승의 세상 야만의 거리

살아서 이어진 命이 생명이라면
살라는 命을 스스로 끊음이 아님에야
용산 철거민 화재는 죽임의 살인이다

죽음의 불꽃이 타오르던 그 날도
악마의 혀처럼 휘두르던 그 날도
하늘은 가슴을 열어 태양을 띄우고
별들을 토했다

죽임 앞에서 애곡(哀哭)하지 못한
너희여-
무심한 잡것들이여

개발이라는 이름의 폭력은
전봇대 위의 까치집을 부수듯이
엄동설한에 삶을 짓이겼다

쫓겨나고 죽어가고

뉴- 뉴-
새것 새 짓거리
누구를 위한 뉴- 타운이며
어느 놈을 배 불리는 개발인가?

이 야만의 날을 치욕의 날을
오래-
아주 오래 기억하리라

- 2009년 1월 20일 용산 철거민 화재 6명 사망

저 꽃처럼

세상 밖 추위를 못 이긴 꽃들이 시든다
바람은 밤새워 나뭇가지를 할퀴었다.

시린 꽃잎들 기대어 긴 밤을 지새우는
꽃잎과 꽃잎들

그대는 언제 한 번이라도
세상 바람 맞서 보았는가?
저 소금 꽃처럼

- 2011년 한진중공업 35M 크레인 노동자 소금 꽃 김진숙을 응원하며

사람의 숲

아스팔트 위에 꽃이 피었다
하나 둘
열 송이 백 송이
천 만 십만
백만 송이 꽃이 피었다
꽃을 든 사람과 사람들
사람의 숲이다

참사람의 숲에는
어둠이 깃들지 못하고
빛이 박수 받는 곳
거짓이 쉼 쉬지 못하고
진실의 강이 흐르는 곳
너와 내가 함께 우리가 되는 것
진정한 사람의 숲이다

- 촛불 집회를 보면서 2017년 1월 26일

에라이 이 잡것들아

부잣집 잔치 끝에 신술 얻어 처먹고
비틀거리는 이 우매한 너희 잡것들아!
어쩌란 말이냐
무엇을 어찌하잔 말이냐
이 참담한 개판을
거짓이 진실을 덮고 부정이 거드름을 피우는
정의가 거꾸로 처박혀 숨통을 조여도
부끄럼도 수치도 없는 뻰뻰스러운 개판을
민주를 압살한 놈들과 연애질 하자고
너희 그럴 때부터 이리될 줄 알았다
에라이 배은망덕한 놈들
키워준 은혜를 배신하고 차선도 차악도
만들어내지 못한 게으르고 오만한 등신들
아! 아파라
왜 이리 입안에 욕이 가득 한가?
호박씨 까서 한입에 처넣어 말아먹은
에라이 시러베자식들 부끄럼이나 있느냐
아! 부끄럽다

民主!

민주의 靈(영)들 앞에

- 2007. 12. 19. 저녁 花笑 산막에서

진단서 · 1

아그대 젓갈은 대가리부터 어금니로 자근자근 씹어야
개미가 있어 꽁보리밥에 목젖 넘어지는 소리가 꿀꺼덕
소금 독에 처박힌 풋 갈치는 중 늙은 호박을 만나야
궁합이 맞아 짭조름하여 고봉 밥숟가락을 재촉이고
밥상 가운데 진간장 종지기 첫 수저에 입맛이 돋아
짭짤하게 먹어야 송장도 근대가 나간다던 그 시절
보리 개떡 목구멍 쓸고 넘어가 풀뿌리 나무껍데기로
허기진 배 채워 뒷간에서 핏대 올리던 사람들

사내 가슴에 뜻 하나만 품어도 어깨 펴고 당당하던
기개 높던 사내들은 소금 과다섭취로 요절하고
봉탱이 종자들만 지랄용천에 염병이니 씨-팔
이 썩어 문드러진 개 거시기 같은 세상에
왕소금을 얼마나 또 처발라야 할지
배부른 놈도 배고프고 배고픈 놈도 배고픈
병명은 충동적 과다욕망 걸식 중

*아그대: 머리뼈가 쎈 젓갈류 생선

*개미: 깊은 맛
*근대: 무게
*뒷간: 화장실
*봉탱이: 기형. 못생긴 모양새

진단서 · 2

대한민국은 배 고프다
날마다 TV에 나와서 처먹고 처먹어도 배고프다
대한민국은 외롭다
개새끼들을 품에 안고 뒹굴고 뒹굴어도 외롭다

인간의 존엄은 무너지고 犬格은 존중되는
가슴과 위장이 헛헛하고 허기지다

병명은 염병 지랄 龍天 증

좌골신경통

잠자리에서도 머리를 북쪽으로 두지
말아야 한다
밤하늘 북쪽에 떠 있는 소매쪽박*도
보지 말아야 한다
북어 국도 먹지 않기로 했다
어머니께 감자를 북 감자로 배웠지만,
감자로 또렷하게 말하기로 했다
북 콘서트도 책 콘서트로 해야 한다
북으로 날아가는 새들도 종북 빨갱이
내 거시기도 좌로 뻗쳐있으니
이놈도 좌파-
좌우간 좌가 문제다 그런데 어쩌나
이 겨울에 찾아온 나의 좌골신경통은
이 놈도 빨갱인가

- 2013년 11월

*소매쪽박: 북두칠성

촛불의 바다에 침몰하여

빗물이 뜨거운 피눈물로 흐르던 유월의 끝자락
서울 광장 -
"잔디가 아파요 밟지 마세요"
잔디밭에 팻말이 사치스러웠다.
그 밤 순결의 지성이 민주가 방패에 찍히고 곤봉에
깨지고 군홧발에 짓밟혀 민주가 통곡하던 광란의
서울의 밤 그래도 촛불은 촛불은 꺼지지 않았다

제국의 노예가 되어 망나니짓을 하는 너희여
깃발을 흔들어 얻고자 하는 것이 무엇이더냐
저들이 할퀸 상처가 60여 년 이토록 깊어
아픔인데 -
저들이 부는 피리 소리에 광대 짓을 하는가?

에끼 창아리* 없는 것들 이 몹쓸 조선 갈보들아
촛불의 바다에 침몰하여 억겁이나 뒈져라

- 2008 7월

*창아리 : 창자

외눈박이 세상에

외눈박이 세상에 두 눈을 가진 자의 슬픔이여
까마귀들 판치는 세상에 흰옷 입고 살아야 하는
고독함이여
담배 한 개피의 호사도 누리지 못하고 가신 길
임이 떠난 후에야 알았습니다
힘없는 민초들이 기댈 수 있는 언덕이었던 것을
임께서 지닌 가치를 생명을 던져서 죽음으로
지킬 수밖에 없었던 외로운 길을 가신이여
넋으로
넋으로
대동 세상 평등 세상
임이 웃는 세상 만드소서

-그 분을 추모하며 산막 화소에서 2009.5.24.

촛불의 눈물

그대들은 춤추고 웃는데 왜 눈물이 날까요
백합꽃을 건네준 그대여!
장미꽃을 안은 그대여!
왜 나는 자꾸 눈물이 흐르는지
그대들의 춤사위는 동토의 땅을 헤집고
솟아난 새싹 같은 희망이지요.
가슴속 차오르던 울분을 삭이고 삭인 정제된
서로가 서로에게 보낸 위로에 웃음이겠지요.
아니 가슴 뭉클하게 울컥 차오르는 눈물을
가슴 깊이 삼키는 것이지요.

어떻게 키워온 민주인데
목숨보다 귀한 가치인데
녹슨 공안의 칼로 민주를 겁박하는 어둠이여
어둠은 짧고 빛의 역사는 영원하다는 것을
어둠에 갇혀 눈먼 자여 아는가?
어둠이 빛을 이길 수 없다는 것을
악 또한 선을 이길 수 없다는 것을

어둠이여 이제 빛으로 나오라
눈부신 촛불의 광장 서울 광장으로
그리하여 어둠의 누더기를 던지라

- 서울 광장 촛불 집회에서

억장이 억! 億!

民草들은
억! 억! 소리로 죽어갔는데
살아서 게걸음 치던 저들은
처먹다가 배 터져 億 億
民草들은 피 토한 울음으로
억! 억!
반듯한 것이 죄여서
총 쏘아 죽이고 밟아 죽이고
이놈 저놈이 쓸만한 사람
다 죽이고
게걸음 꼴값 떨다 億 億
똥별들 찬양하던 세 치혀로
億 億
믿는 돌이 발등 찍어 억 억
억장이 무너져 억! 억!

잡초

봄비가 기별을 했나 보다 텃밭에 무성한 잡초들
잡초여서 뽑아야 한다 문득 왜 잡초일까?

역사의 풍랑 속에 뽑혀버린
잡초 아닌 잡초가 되어버린 수 많은 참 사람들
역사는 알고 있다 역사의 그늘에서 잡초처럼
무참히 짓밟혀 뽑혀버린 죄 없는 민초들은
묻지도 못했다
왜 잡초인가를 개처럼 끌려가야 했는지를
그리고 죽어야 했는지를 단지 아니라고 했을 뿐인데
잡초가 되었다

원산지 표시제

"북한산 호도가 통일되면 국산"
그날이 아! 그날이 오면
분단의 벽이 무너지는 그날이
대동의 큰 굿판이 열리는 그날
죽어가고 죽어간 넋들의 원혼을 달래는
대동의 씻김굿이 열리는 그날은 언제일까
북한산 호도가 국산이 되는 날
너와 내가 아닌 우리가 되는 날
우리 것이 우리 것이 되고
땅이 하나 바다도 하나
하늘 땅도 열리는 그날
남과 북의 농산물에 원산지 표시제가
없어지고 국내산이 되는 그날이여

政治는 치과의사처럼

모두 썩었습니다.
그럼 어떻게 하여야 할까요
썩은 것은 뿌리까지 뽑아야 합니다
아프지 않을까요
마취할 때 조금 아프지만
참으셔야지요
참을 수 있을까요
더 큰 아픔을 막기 위해서는
작은 아픔은 참으셔야지요

그 잠시를 참지 못하는
저 아우성들

28원의 고독 死

生의 끈을 놓았다.
28원의 유산을 남기고
개새끼 돼지새끼도 호사를 누리는 세상에
화장실도 없는 단칸방에서 짐승보다 못한
생을 끝냈다

증세 없는 복지
증세 있는 복지
이 둘 중 하나는
28원의 고독死 앞에서
惡한 사기다

- 2015년 2월 복지논쟁을 보면서

이두화*

배꽃처럼 희고 맑은 영혼을 지닌 여인 이 두 화
그는 댓잎처럼 푸르러 그 댓잎에 맺힌 이슬처럼
정갈한 여인

하나 되는 대동 세상 만들자고 꽃다운 청춘에
남으로 남으로 민족의 혼 길을 찾아 왔건만
반민족적 수구는 민족의 혼 길을 가로막아
60년 통한의 세월 아직도 반쪽세상
두고 온 고향산천 그립고 그리워 눈 감으면
더욱 또렷이 어제 본듯이 선연한 곳
꿈길에 다녀온 고향에는 내 동무 갑사댕기
봄 언덕에 나물을 캐더라.
고향 집 멍멍개 나를 반기는 기척에 버선발로
사립문 밖까지 달려 나와 울음 우시던 어머니

80 노구를 이끌고도 갈 수 없는 그리운 고향
남과 북이 하나 되는 통일 세상까지 내 기어코
살아 고향산천에서 통일 만세를 부르리라

*보성 강골 마을에서 만났던 이두화 할머니

똥개론

서울장안에큰도적놈전가네집
길잘들인똥개한마리털레비에
나와서짖는모양을충절이니절
개니하도가당치않고연민하여
몇자적어본디똥개란본시제주
인을도적으로두었어도꼴랑지
를치는법그것을충절이니절개
니하여장안의여인들이반하였
다니이땅에사내다운기개를지
닌사내가오죽없으면그리하겠
는가마는흰베옷의사람들을물
어뜯던개떼들중당찬똥개의오
야붕에대한맹종이가상하지만
그것을충절이니의리의돌쇠니
하니남사스러울뿐이외다선비
들을죽이고제주인에게만꼴랑
지를치는똥개를맨정신으로야
어찌좋은개라할수있으리요워

리워리똥개는가그라느그나라
느그집으로~

- 5공 청문회를 보면서

빨갱이

움막에 흰옷을 벗어 놓고 갔다
짐짓 그놈이려니-
움막 곁에서 눈에 띄던 그놈
작년에 이어 두 번째이다
20여 년 가까이 된 움막이니
문이 아닌 문으로 들어와서

제 겉옷 허물을 벗고 가면
그만인 것을

고장 난 역사 속에서
아무리 벗기려 해도 벗기지 못한
절구통에 찧어도 사포로 문질러도
벗겨내지 못한 허물 아닌 허물
빨갱이-
그 허물 벗지 못하고 가신님이여

순례자

달팽이 걸음보다 느린
오체투지(五體投志) 형극의 길을 걷는 이여
그 길은 아무나 걸을 수 없는 길입니다
인간 해방을 위한 골고다의 길입니다
그 길은 아수라(阿修羅)에서
정토(淨土) 세상으로 가는
길입니다.
그 걸음 차마 눈 뜨고 볼 수 없어 소원을 빕니다
온몸을 땅에 누일 때마다 어머니의 대지가 그대를
보듬어 주시길 원합니다
갈라진 남과 북 산과 들 사람과 사람의 갈라진
길이 메꾸어져 다시 평화의 길 생명의 길
화해의 길이 놓아지기를 원합니다.
그 걸음걸음이 눈물이 되어 무딘 가슴
가슴들을 녹여 내어 화해의 강으로 흐르기를 원합니다
그 걸음걸음이 바람이 되어 먹먹한 가슴을 뚫어
소통하는 세상이 되기를 바랍니다
길 없는 길을 떠난 순례자여

대지의 품에 안길 때마다 대지가 속삭이는
어머니의 소리를 들으시어
그 가르침을 우리에게 일러주소서

순례자여!
오체투지로 용서를 빌어야 할 저 잡것들은 웃고 있는데
시방도 수구들은 부끄러운 교미를 하고 있는데
저 잡것들의 살찐 세상을 위하여 박수를 치고 있는데

저들만의 대한 주식회사가 되어버렸는데
直立의 쉬운 걸음 버리고 어린아이처럼 기어서
기어서 오체투지로 사람으로는 갈 수 없는 사람의 길로
명박산성을 오르시렵니까?

저들의 직립의 야만과 폭력을
명박스러운 세상에 온몸을
뉘여 그대는 기어코 생명의 바다에
평화의 배를 저어가자 하시는군요.

- 문규현 신부님, 수경 스님 평화를 위한 오체투지를 보면서, 2008년 9월

생태교란종

왜 갈보
양 갈보
동종교미로
생태교란종 넘쳐
숨 막히는 세상

눈치코치 수치도 없는
몰염치한 잡것들
잡것들아!
마른하늘 날벼락 칠 때
숨지 마라

아! 부끄럽다

- 2023. 7. 18. 새벽

적금도에서

섬은 얼마나 바다 깊이 뿌리를 내렸을까
섬은 늘 그 자리 그렇게 누워 있었다
안개비 자욱이 내린 섬과 섬들 사이에서
적금도는 고독한 침묵으로 울고 있었다.
뭍이 그리운 사람들은
뭍이 그리워 섬을 떠나고
뭍이 그리워도 섬처럼 뿌리를 내린
늙은 어미들만 섬에 남아
뭍으로 간 사람들을 그리워한다.

섬이 그리워도 섬에 올 수 없는 사람들
뭍이 그리워도 뭍에 갈 수 없는 사람들
그리움으로 서성이다 지쳐버린 사람들

금이 쌓여 있다는 적금도에는
파도만이 쉼없이 그리움을 씻어낸다

동편아제 가시던 날

찬바람 휭-도는 골목 끝
亡人 고이 데려가라고
볏짚 한 단 풀어 깔고
흰 쌀밥 세 무더기
황천길 신고가라고
짚신 세 짝 나란히
이승에서 주인 잃은
흰 고무신
天命을 다 하여
하늘로 돌아가는 길

暘地偏에 가면

트랙타 부리는 60 된 편씨가 가장 젊고
두 번째는 마누라 빼앗기고 골초로 찌든
마이클 조던이고 세 번째는 경운기로 남새밭
털어주는 할매들 조합장 벅수이다
골목 가로등은 늘 그 숫자인데
집이 집을 지키는 빈집은 늘 늘어나
백 살을 채운다던 서편댁도 다 못 채우고
세상사 다 잊고 등 너머 영감곁에 누웠다
땅 놀리면 죄 받는다고 뙈전 밭에 꼬부랑
할매가 고구마 몇 두렁 놓았더니 호랑이
없는 골에 멧돼지들이 대장이라 농사는
사람이 짓고 거두는 것은 산돼지떼들

밤은 남의 날이라 늘 무서운 본동댁은
땅거미 지면 서둘러 요강 씻어 들이고
대문 방문 문단속하고 텔레비전 크게 틀고
마른 깻단처럼 가벼운 삭신 전기장판에
누이면 이승인지? 저승인지?

양지편에 가면 긴- 한숨이 있고
사람이 그리운 할매들이 산다.

晩秋

저 건너
산자락에 어둠이 내리는 저 집에는
홀로된 상동 양반 고단한 육신을 누이고
허한 가슴으로 살아온 날을 가늠하더라
人生아!
너는 지금 어디 어디쯤을 가고 있느냐?
이 밤에는 더욱 비 내리고
비에 젖는 낙엽도 슬프나니
어디 슬픈 것이 이뿐이랴
외로움에 찌든 육신이 해소 기침으로
요동 처 가슴을 파더라.

人生아!
시방도 그대는 멀어져 가나니
언제가는 묘비의 침묵으로 서리니
이토록 주름지고 바람 빠진 몰골이
내 유년의 고운 그림자라니
아 아 人生아!

돌아올 수 없는 미로로 이별의
끝을 쥐고 두 담박질 치는 너는
나를 속이는 몹쓸 세월이었구나.

상처(喪妻)

교장 아제가 상처한 지 삼 년을 채우지 못하고
새장가를 갔다.
뫼등 풀뿌리도 안 내렸는디 새 각시를 얻었다고
쑥덕쑥덕-
화장 빨 새각시한테 까딱하면 살림 쪽 뻘릴지
모른다고 걱정들이 이만저만-
들길 지날 때도 손 꼭 잡고 매달려 걷는 것도
꼴 보기 싫다고 수군수군-
교장 아제가 밥하고 빨래하고 늙은 말년에
여시한테 홀딱 홀렸다고 쯧쯧-
마른자리에서 노래만 하는 매미 같은 그 각시
동네 사람들 교장 아제가 고생문이 열렸다고
걱정이 태산
손끝 메시라운* 교장 아짐 생각도 날것인디
가을 모과 뚝 떨어져 나간 자국처럼 교장아제
喪妻가 상처겠지요.

*메시라운: 손재주가 좋은

늦가을에

스산한 바람이 숲을 흔든다.
바람이 가을을 데려가려나 보다
새들이 쪼아둔 홍시가 볼썽사납게 달려있고
집을 찾아들지 못한 꽃뱀이 길 위를 걷는다
머리를 풀어헤친 억새는 바람에 쫓기고
구절초는 시들고 쑥부쟁이는 아직 젊다
새벽이슬에도 가을 풀은 자꾸 시들어 가고
인생도 두리번거리다 황혼이다

가을은 더 깊은 침묵으로 가는 길목인가?

| 발문 |

'들 풀' 이다

| 발문 |

'들 풀' 이다.

이기현 | 시인

시인 임규상은 "들 풀" 이다. 필명 그대로 어떤 수식이 필요없는 날것이다.

> 젊은 날 맑은 정신 놓쳐 걸인으로 유랑하던
> 어느 여름밤 들길 지나다
> 색정 못이긴 낯선 사내놈이
> 둠벙가에서 씨를 심어
> 그 씨 영글어
> 동네 어귀 상여 집에서
> 짚 가마니 깔고 날 낳아 둠벙가에서 씨 받았다고
> 울 엄니 둠벙에 나도 둠벙에
> …
>
> -「둠벙에」 부분

이보다 더 날카롭고 생생하게 삶의 바닥을 짚어내는 언어는 없다. 그 날것이 뽑아내는 시어는 독자의 심장을 후비는 예리한 칼날이다. 들풀의 모체는 대지다. 그 어떤 인위적 손짓도 배제한다. 시인은 여순사건 그 혼란의 시기에 아버지를 잃었다. 그로 인한 생은 어쩔 수 없는 야생의 들 풀이다.

> 첫새벽 꽁보리 방아 허기진 배
> 시장끼 못 이기고 동여맨 허리
> 꼬깔모자 갈퀴나무 칼바람 엄동설한
> 냉골 아랫목 한숨이 서리어 서리고
> 긴긴 동지섣달 부엉이 우는 밤
> 배겟머리 적시어 눈물짓던이여 …

-「울 엄니」 부분

그 절절한 사모곡은 눈물샘을 자극하지 않는다. 도 깊은 지성이 심장을 저격한다. 홀어머니의 삶이 그를 시인으로 이끌어 낸 것인지도 모른다. 삶을 스스로 선택할 수 없는 난 자리 그대로 숙명으로 살아가야 하는 들 풀 그렇게 시어도 야생이다. 그 날것의 날카롭지만 가볍지 않는 품격을 갖춘 "들 풀의 시"가 독자의 정서에 충족을 주리라 믿는다.

임규상 시인

사람 문학동인회 회장
참여자치 고흥군민연대 대표
전남행의정 감시연대 대표
고흥 민주단체협의회 의장
5 · 18 전남동부지회 상임위원장
고흥 핵발전소 저지대책위 상임대표
수필집 『숲에서 사람의 숲을 꿈꾸다』